IPO上市一本通

胡华成◎著

企业上市理论、流程、案例分析一本通

中国商业出版社

图书在版编目（CIP）数据

IPO 上市一本通 ： 企业上市理论、流程、案例分析一本通 / 胡华成著. -- 北京 ： 中国商业出版社，2024. 9. -- ISBN 978-7-5208-3107-9

Ⅰ. F279.246

中国国家版本馆 CIP 数据核字第 2024044JG2 号

责任编辑：杨善红
策划编辑：刘万庆

中国商业出版社出版发行
（www.zgsycb.com 100053 北京广安门内报国寺 1 号）
总编室：010-63180647　编辑室：010-83118925
发行部：010-83120835/8286
新华书店经销
香河县宏润印刷有限公司印刷
*
710 毫米 ×1000 毫米　16 开　15 印张　190 千字
2024 年 9 月第 1 版　2024 年 9 月第 1 次印刷
定价：68.00 元
* * * *
（如有印装质量问题可更换）

前言

登陆IPO，你准备好了吗？

在日趋激烈的竞争环境中，越来越多的企业开始将目光聚焦于资本市场，希望通过 IPO（首次公开发行并上市）这一重要途径，实现企业的跨越式发展。IPO 不仅是企业获取外部资金、扩大经营规模、提高品牌影响力的有效途径，也是企业完善治理结构、提升市场竞争力、实现长期战略目标的关键步骤。然而，IPO 之路并非坦途，企业需要经历复杂的筹备过程，应对严苛的监管要求，以及克服各种难以预见的风险和挑战。

本书旨在为广大企业家、投资者和相关专业人士提供关于 IPO 筹备与实施工作的全面指南。通过对 IPO 解读、IPO 决策、IPO 审核、各类 IPO 上市流程、借壳上市、分拆上市与境外上市等方面的深入剖析，帮助读者了解 IPO 全过程，掌握 IPO 关键要素，以便更好地应对 IPO 过程中的各种挑战，提升企业成功登陆资本市场的概率。

通过对 IPO 全过程的深入剖析，可以看到登陆 IPO 不仅是一个上市融资的过程，更是一个企业规范化管理、提升品牌价值的过程。在这个过程中，企业需要充分准备，严格遵守相关法规要求，并灵活应对市场变化。只有这样，企业才能成功登陆资本市场，实现自身的跨越式发展。

因此，在本书的编写过程中，我们力求做到全面而深入。我们邀请了众多具有丰富 IPO 经验的专家学者、投资银行家、会计师和律师等，共同参与本书的撰写和审校工作。同时，我们广泛收集了国内外 IPO 市场的最新数据、案例和实践经验，力求使本书内容既具有理论深度，又具有实践指导意义。

我们深知，市场环境的不断变化和 IPO 过程的复杂性使得每一家企业的 IPO 之路都具有独特性。因此，在本书的理论分析与案例引述中，特别强调了对市场环境和监管政策的关注，分析了影响 IPO 成功的各种因素，并提供了应对策略和建议。我们希望读者在阅读本书的过程中，可以不断吸收新知识、新理念，并结合企业的实际情况，灵活运用所学知识，制订出切实可行的 IPO 计划和方案。

当然，本书并非万能的灵丹妙药，无法解决 IPO 过程中出现的所有问题。但我们相信，通过阅读本书，读者将能够更加清晰地认识到 IPO 的重要性、复杂性和挑战性，掌握更多的 IPO 知识和技能，为企业成功登陆资本市场奠定坚实的基础。

此外，我们也要强调，IPO 只是企业发展过程中的一个阶段，而非终点。成功登陆资本市场后，企业仍需不断努力，加强内部管理，提升核心竞争力，以实现持续稳健的发展。

我们衷心希望本书能够为广大读者在 IPO 之路上提供有益的参考和帮助。同时，我们也期待与读者一同见证更多优秀企业通过 IPO 实现自身价值的最大化，共同书写资本市场的辉煌篇章。

在未来的日子里，我们将继续关注 IPO 市场的动态和发展趋势，不断更新和完善有关 IPO 的内容。我们期待与读者保持紧密的联系，共同探讨 IPO 过程中的问题和挑战，分享成功的经验与智慧。让我们一起为企业的未来发展而努力，为资本市场的繁荣而贡献自己的力量！

在此，我们还想强调一点：IPO 并非一蹴而就的事情，它需要企业长时间的精心准备和不懈努力。同时，IPO 也不是企业发展的唯一路径，每个企业都有其独特的发展道路和战略选择。因此，我们在准备 IPO 的过程中，既要保持积极的心态和坚定的决心，也要保持清醒的头脑和理性的认知，根据企业的实际情况和市场环境做出明智的决策。

最后，我们要感谢所有为本书付出努力的人，感谢专家学者的精心撰写和审阅，感谢投资银行家、会计师和律师等实务界人士提供的宝贵经验和建议，也感谢广大读者对本书的信任和支持。我们既期待在未来继续为读者提供更多有价值的内容和服务，又期待与读者一同见证更多的企业通过 IPO 实现跨越式发展，共同开创更加美好的未来。

愿每一位读者都能从本书中获得启发，愿每一家企业都能在 IPO 之路上取得成功，愿我们的资本市场更加健康、繁荣和发展！

目 录

第一章　解读IPO上市

第二章　IPO上市的主要决策因素

第三章　IPO上市审核的重点关注问题

第十章　分拆上市

第十一章　境外上市

附录　IPO路上的“七大坑”与“四大伤”

第一章
解读IPO上市

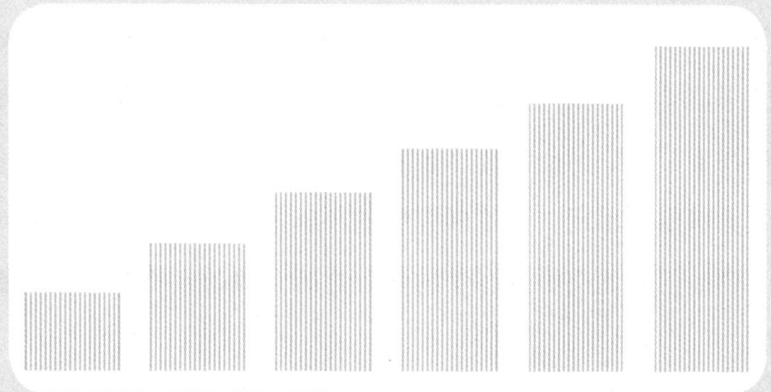

全面注册制给资本市场带来的变化

2019 年 7 月，科创板开市并实施注册制。

2020 年 6 月，创业板实施注册制改革。

2021 年 9 月，北交所设立并实施注册制。

2023 年 2 月 1 日，中国证监会就全面实行股票发行注册制涉及的《首次公开发行股票注册管理办法》等主要制度规则草案，向社会公开征求意见。

2023 年 2 月 17 日，中国证监会发布全面实行股票发行注册制相关规章制度，并自公布之日起施行。

这是中国资本市场改革发展进程中具有里程碑意义的大事件，标志着我国资本市场正式迈入全面注册制新时期。其实，只要稍加关注就会发现，近年来我国着力精准扶持中小企业发展，密集出台多项金融支持政策，目的都在于帮助中小企业缓解融资难题，效果相当显著。

可见，大事件的出现，是不断完成的小事件累积、推动的结果。经过在科创板、创业板和北交所近四年的试点之后，股票发行全面注册制正式在市场实施。

全面注册制的实施，有利于中小企业找准资本市场发展方向，提前做出合理规划。在实践中，注册制带来的最大变化是上市审核更加公开透明，因为发行审核制度发生了根本性转变。

2024 年 1 月，中国证监会召开 2024 年系统工作会议，提出“突出以投资者为本的理念”，强调“加大对欺诈发行、财务造假、操纵市场、内幕交易等案件的查办力度，让违法者付出惨痛代价；压实保荐机构、会计师事务所等中介机构‘看门人’责任，坚持‘申报即担责’，对‘带病闯关’的，严肃核查、严厉惩治”。

可以看出，虽然全面注册制将发行上市的审核权交由证券交易所，实现了从核准制到注册制的重大转变，但这并不意味着监管部门会大撒把，而是要从制度根本上体现市场化和法治化，凸显资本市场对信息披露的重视。

在全面注册制下，监管部门不再对发行人的投资价值进行判断，而是将实质性门槛转化为信息披露要求，通过公开透明的审核标准和程序，让市场决定企业的发行价格和上市条件。

最新的金融法规和政策也对此进行了明确规定，强调了信息披露的全面性、真实性和准确性。原来企业信息披露更侧重于监管层或上市委员会关注的角度，在注册制推行后则更侧重于市场关注的角度。这就要求企业在申请上市时，必须充分披露与投资决策相关的所有重要信息，包括财务状况、经营情况、治理结构等，以便投资者能够全面了解企业真实情况，作出理性的投资决策。

在核准制下，企业想上市必须先由中国证监会发审委审核，通过后再与交易所签订上市协议。但在全面注册制下，发行上市的基本架构变成了交易所审核、证监会注册，明确了交易所和证监会的权责分工，增强了资本市场的包容性，对于符合资格条件和合规要求的企业，无论其规模大小、行业属性，都有了更多的上市机会。

交易所判断企业申报是否符合上市条件后，中国证监会基于交易所的过会材料，于20个交易日内进行审核。过去各个板块有各自的发行上市制度规则，实施全面注册制后，有了统一的IPO公开发行上市制度。此外，中国证监会还将监督和指导各个交易所的审核流程与监督范围，进一步完善了审核的注册程序。

在统一规则的指导下，板块界限与板块定位也比过去更为明确。主板、科创板、创业板、新三板和北交所的定位愈加清晰，企业可以根据自身优势选择上市板块。且各板块的上市条件都得到了相应优化，对于原核准制时的更多审核持续盈利能力，全面注册制后不再以市值为导向，还包括以净利润、销售收入、研发投入或成长性等为指标的，也得到了进一步优化。总之，整体上市条件比之前更加宽松了。

如果仅此就判断现在申请IPO是“宽进严出”，就大错特错了，如今企业申请IPO相比过去是更加“严进宽出”。本着对企业经营者、投资者、社会经济发展负责的态度，上市的标准更加细化，对于内控、信息披露、合规性等都更为严格，难度也比以往更大了。因此，企业若想申请IPO，必须提前针对财务、法规、内控等内部管理问题进行2～3年的准备，以三年一期为审核报告期，出具审计报告。

全面注册制下，资本市场的定价机制得到了进一步优化。在核准制下，由于发行价格受到行政干预较多，市场定价功能难以充分发挥。而在全面注册制下，发行价格主要由市场供求关系决定，这使得市场定价更加合理、高效。

新的金融法规和政策加强了对资本市场的风险防范和监管。通过建立健全风险防范机制，加强对市场异常波动的监测和预警，及时处置风险事件，确保资本市场的平稳运行。

此外，监管部门还加大了对信息披露的监管力度，要求发行人真实、准确、完整地披露相关信息，防止信息披露不实、不完整等问题的发生，并督促市场主体加强自律管理，推动形成健康的市场生态。信息披露一般分成三个阶段，第一阶段是发行时的信息披露，另外两个阶段则是上市后的强制披露与自愿披露。相对于核准制下的信息披露是由证监部门对企业进行实质性的业务审查，全面注册制下的信息披露则需要投资者更多地对企业进行分析评价，证监部门仅审查中介机构提交的企业信息是否符合实际经营状况。可见，市场自由选择代替了政府业务审查，市场化程度极大提高了。

通过上述分析不难看出，全面注册制施行后，有利于中小企业找准资本市场发展方向，提前做出合理规划。面对丰富的上市路径，企业可以进行长远的资本市场路径规划，有望在发展的每个阶段都能获得更好的投资回报。

全面注册制的实施不仅有助于国内资本市场的优化和发展，还提高了中国资本市场的国际化水平。通过与国际接轨的发行审核制度，吸引更多外资企业和投资者参与中国资本市场，促进国内外资本市场的互联互通。随着全面注册制的推进，中国资本市场的规则体系、监管制度等方面也在不断完善，与国际市场的接轨程度不断提高。这有助于提高中国资本市场的国际竞争力，为中国经济的高质量发展注入新的动力。

多层次资本市场

资本市场是指期限超过一年的资金借贷和证券交易的各种场所。这既是政府、企业和个人筹集长期资金的市场，也是多种金融工具发行和交易的市场，涵盖债券、股票、基金等长期证券的发行和交易，长期信贷的借贷，以及衍生产品的交易。对于现代市场经济的发展而言，资本市场具有不可替代的地位。

多层次资本市场是指资金投资者和融资者对投融资服务有多样化需求的市场体系。在这个体系中，不同的市场层次服务于不同规模、不同类型的企业，满足了不同风险偏好和投资需求的投资者。这样的结构有助于资本市场更好地发挥资源配置功能，促进经济结构调整和转型升级。

实施全面注册制后，国内资本市场共有3家交易所，分为6个板块（见图1-1）。各板块的定位、上市条件与投资者门槛有所差异，服务于不同行业、不同类型、不同发展阶段的企业，充分体现了我国多层次资本市场框架下各证券交易场所之间的联动关系，形成了错位竞争的资本市场格局。

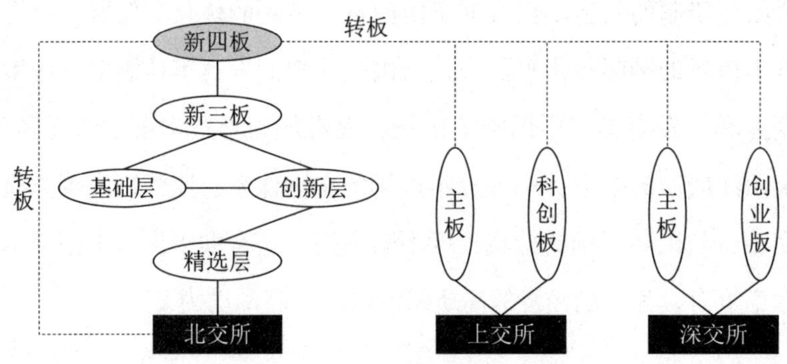

图1-1　国内资本市场的6个板块

上市交易渠道分为京、沪、深3个证券交易所，北交所未分板块，上交所分为主板和科创板，深交所分为主板和创业板，全部实施注册制。挂牌交易是在全国中小企业股份转让系统或区域性股权市场。其中，新三板由全国中小企业股份转让系统有限责任公司具体运营和管理，分为基础层、创新层和精选层；新四板由各地的股权交易中心具体运营和管理，现在全国一共有34家交易中心。这些市场层次各具特色、互为补充，共同构成了中国资本市场的完整生态。

主板市场是资本市场中规模最大、成熟度最高的市场层次。在主板上市的企业通常规模较大，盈利能力稳定，是国民经济的重要支柱。主板市场为企业提供了直接融资的渠道，有助于企业扩大规模、提高竞争力。同时，主板市场为投资者提供了多样化的投资选择，是资本市场中风险相对较低、收益相对稳定的投资场所。

科创板市场是中国资本市场顺应时代发展创新的产物，主要服务于科技创新型企业。科创板市场的设立，是中国资本市场深化改革、服务实体经济的重要举措。通过引入注册制等市场化机制，科创板市场为科技创新型企业提供了更加灵活、高效的融资环境，促进了科技创新和产业升级。

创业板市场则是专为成长性高、创新能力强的中小企业而设的市场层次。创业板市场的上市门槛相对较低，更加注重企业的成长潜力和创新能力，这为中小企业提供了更多的融资机会，促进了创新型企业的发展。同时，创业板市场为投资者提供了投资高、成长性企业的机会，是实现资本增值的重要途径。

北交所作为近年来多层次资本市场的核心角色之一，专注于服务创新型中小企业，与沪深交易所及区域股权市场错位发展、互联互通。强调创新，服务对象“更早、更小、更新”，并以合格投资者为主，形成长期、理性的投资文化。北交所的设立标志着中国资本市场结构的进一步完善，为创新型中小企业提供了重要的融资平台，推动了中国多层次资本市场的健康发展。

新三板作为多层次资本市场的重要组成部分，专为创新型、成长型及中小微企业服务。其特点在于门槛相对较低、灵活性高，为这些企业提供了便捷的融资与交易平台。新三板不仅助力于企业规范化发展，还是其向更高层次资本市场晋级的跳板。同时，新三板也丰富了投资选择，促进了市场活力与健康发展。更为重要的是，新三板市场的建立，缓解了中小企业融资难、融资贵的问题，促进了中小企业的健康发展。

新四板，即区域性股权交易市场，是多层次资本市场中最易被忽视却非常重要的一环，其特点在于私募市场服务定位，是中小企业上市首选平台。新四板以快速、高效、实用为特征，助力小微企业培育与规范，解决其融资与改制需求。同时，新四板具备主板市场储备功能，为中小企业向更高层次资本市场发展奠定基础，促进了中国多层次资本市场的健康发展。

因为本书将对主板、科创板、创业板、北交所和新三板做详细阐述，因而在此对新四板做一些简单阐述，便于大家了解。

新四板的定位是为特定区域内的企业提供股权、债券转让和融资服务的私募市场。因此，新四板市场也被称为“小微企业培育和规范的园地”“小微企业的融资中心”或“地方政府扶持小微企业各种政策和资金综合运用的平台”。新四板是资本市场中介服务功能的延伸，服务于广大中小微型、具备成长性、有价值的企业，解决了更多基础层面企业的融资和改制需求。

通常情况下，新四板的投资门槛为 500 万元，各地新四板市场的挂牌门槛有所差异，但相对都不高，且各地新四板市场都有自己备案的推荐机构，一般签约后 1 个月左右可以完成挂牌。因为新四板与新三板最为接近，下面将两个板块的不同之处进行对比（见表 1–1）。2022 年 11 月，中国证监会办公厅与工业和信息化部办公厅联合印发了《关于高质量建设区域性股权市场“专精特新”转板的指导意见》，之后“专精特新”就成为新四板市场的重点发展方向。

表1–1　新三板和新四板的不同之处

不同内容	新三板	新四板
定位不同	全国性场外交易市场	区域性场外交易市场
企业存续不同	企业存续满两年	企业存续满一年
挂牌所需时间不同	所需时间在6～12个月（根据企业财务状况、历次股权变更等情况而定）	由于挂牌门槛较低，从改制算起，条件成熟的公司一般3个月左右可以成功挂牌
挂牌成本不同	成本在70万～120万元	成本包括挂牌、融资辅导、融资对接等在内，一般在10万元以内

续表

不同内容	新三板	新四板
股东人数不同	可以突破200人	2～200人
交易方式不同	集合竞价	协议转让
融资功能不同	主要为挂牌企业提供股权融资	主要为企业提供挂牌、登记、托管、转让、展示服务，以及各类股权、债权、金融产品等服务
股价形成机制不同	依据股票交易形成价格	依据企业净资产确定股价
自然人投资者限制门槛不同	需满足拥有证券类资产市值300万元人民币以上等条件	资金门槛调整为拥有50万元人民币以上金融资产

通过以上讲述可知，企业在全面注册制后上市或进入资本市场有几个路径。符合上交所、深交所上市条件和要求的企业，可以直接上科创板、创业板，甚至主板。如果企业规模距离沪深交易所的上市条件还有差距，那么可以先上新三板，有两个路径，或者先基础层后创新层，或者挂牌同时直接进入创新层。想上北交所的企业，新三板是不可逾越的条件，需成为“在新三板挂牌满一年的创新层公司”。在新三板里的企业，既可以眺望北交所，也可以眺望科创板、创业板和主板。从新三板转板沪深交易所有两个路径：一条是先在新三板摘牌，再去申报沪深交易所；另一条是先申报沪深交易所，成功后再在新三板摘牌。

全面注册制的实施与转板政策的推动，让企业的估值和流动性能更好，上市的路径也更多了。而且，政府不断加强对资本市场的监管和法制建设，为资本市场的健康发展提供了有力保障。例如，新修订的《中华人民共和国证券法》等法律法规，为资本市场的规范运作提供了更加完善的法律框架。

值得一提的是，2024 年 4 月 12 日，国务院印发的《关于加强监管防范风险推动资本市场高质量发展的若干意见》（以下简称“新国九条”）为中国资本市场的进一步发展指明了方向。“新国九条”强调了加强监管、防范风险的重要性，并提出了推动资本市场高质量发展的具体举措，包括完善多层次资本市场体系、优化融资结构、提升上市企业质量、加强投资者保护等方面，有助于进一步提升中国资本市场的竞争力和吸引力。

同时，“新国九条”还强调了法治建设和协同监管的重要性。推动相关法律法规的修订和完善，加强行政、刑事、民事立体化追责体系的建设，提高违法违规成本等措施的实施，将有助于提高资本市场的法治化水平，增强市场主体的合规意识和风险意识。

综上所述，中国的多层次资本市场经过多年的发展已经形成了较为完善的体系结构。各市场层次各具特色、互为补充，为不同规模、不同类型的企业提供了多样化的融资渠道和交易平台。法律法规的不断完善和政府监管的加强也为资本市场的健康发展提供了有力保障。未来，随着中国经济的持续发展和资本市场的进一步深化改革，多层次资本市场的功能和作用将得到进一步发挥，为中国经济的转型升级和高质量发展提供更强有力的支撑。

各板块上市应考虑的因素

企业选择上市板块是一个至关重要的决策过程。不同板块之间在监管要求、市场定位、投资者结构、融资能力等方面存在显著差异，因此，企业在决定上市板块时，必须综合考虑多方面因素，以确保上市过程的顺利进行和上市后的稳健发展。

企业上市必须遵循国家和地方的相关法律法规政策。近年来，我国资本市场法治化建设取得了显著成果，相关法律法规政策不断完善。企业在选择上市板块时，应充分考虑法律法规政策的最新变化，确保自身业务符合监管要求，避免因违反法律法规而带来的风险。

企业需关注上市板块的准入条件和定位。不同板块对企业资质、财务状况、治理结构等方面有不同的要求。企业规模与板块要求相匹配，根据自身需求来判断。全面注册制下，各板块定位明确，为企业提供了更明晰的发展路径。主板服务于成熟期大型企业，科创板更加注重企业的科技创新能力和核心竞争力，创业板主要服务于成长型创新创业企业，北交所与全国股转系统（新三板）共同打造服务创新型中小企业主阵地。面对越来越多的上市路径，企业应根据自身实际情况，选择符合自身特点的上市板块。

具体而言，主板也叫大盘蓝筹，必然突出“大盘蓝筹”特色，重点支持业务模式成熟、经营业绩稳定、规模较大、具有行业代表性的优质企业。

科创板则突出“硬科技”特色，如创新信息技术、高端装备制造、新能源、新材料、节能环保、生物医药等面向科技前沿的领域。科创板一定对企业科创属性的要求非常高，一般科创属性不高的企业，不建议尝试科创板。

创业板则突出“三创四新”，创新、创造、创意为“三创”，新技术、新产业、新业态、新模式为“四新”。虽然创业板突出“三创四新”特色，但处于传统行业的企业，如果能在申报材料中明确体现如何与“三创”“四新”融合的，也可以尝试创业板。

北交所突出“专精特新”，定位创新型中小企业，重点支持先进制造业和现代服务业，目标是将“小巨人”企业培育成“巨无霸”企业。

新三板是迈进北交所的踏板，重点突出“创新”，基础层是基本满足挂牌条件的中小企业，创新层是初具规模且处于高速成长期的企业，精选层是公众化水平较高的优质企业。

企业如果想上市，就必须根据对应的要求及自身条件认真分析到底适合哪个板块；如果哪个板块都适合，再选择想去哪个板块对企业发展最有利。

企业上市前，除了必看是否符合该板块的定位，还要看是否在该板块的负面清单中，最后就是要看上市财务标准。

主板没有负面清单，符合发行条件的各行企业都可以申请上市；科创板则限制金融科技、模式创新企业上市，并禁止房地产和主要从事金融、投资类业务的企业上市；创业板则禁止产能过剩行业、《产业结构调整指导目录》中的淘汰类行业，以及从事学前教育、学科类培训、类金融业务的企业上市；北交所不支持金融业、房地产企业上市，不支持属于产能过剩行业、《产业结构调整指导目录》中规定的淘汰类行业，以及从事学前教育、学科类培训等业务的企业上市。

上市所需的财务标准即为上市门槛，必须达到规定标准才能申报上市，具体内容如表 1–2 所示。

表1–2　各板块上市财务标准

IPO条件	主板	科创板	创业板	北交所	新三板
板块定位	主板市场也称为一板市场，主板上市的企业多为大型成熟企业，具有较大的规模和稳定的盈利能力。其定位在于为那些经营相对稳定、业绩突出、具有一定规模和行业影响力的企业提供融资和发展的平台	科创板主要服务于符合国家战略、突破关键核心技术、市场认可度高的科技创新企业。重点支持新一代信息技术、高端装备、新材料、新能源、节能环保以及生物医药等高新技术产业和战略性新兴产业。科创板更注重企业的科技创新能力和研发投入，对企业的盈利要求相对较为宽松，旨在为科技创新型企业提供更便捷的融资渠道和更广阔的发展空间	创业板又称二板市场，是为了给暂时无法在主板上市的创业型企业、中小企业和高科技产业企业等提供融资途径和成长空间的证券交易市场。创业板上市企业通常具有较高的成长性，但规模相对主板较小。其定位在于支持具有一定创新性和成长潜力的中小企业，尤其是那些在新技术、新产业、新业态、新模式方面有突出表现的企业	北交所主要服务创新型中小企业，重点支持先进制造业和现代服务业等领域的企业。北交所的定位是打造服务创新型中小企业主阵地，与沪深交易所错位发展、相互补充。其上市门槛相对较低，为中小企业提供了更为便利的直接融资机会	新三板全称为全国中小企业股份转让系统，主要为创新型、创业型、成长型中小微企业发展服务。新三板的企业数量众多，挂牌条件相对宽松，为中小企业提供了股份转让、融资、并购等服务。新三板分为基础层、创新层和精选层，不同层次的企业在财务状况、股权分散程度等方面有不同的要求
年限要求	持续经营满3年	持续经营满3年	持续经营满3年	股转系统连续挂满12个月，且连续经营满2年	最近2年净利润均为正，且累计不低于800万元，或最近1年净利润不低于600万元

续表

IPO条件	主板	科创板	创业板	北交所	新三板
股本要求	股本总额≥5000万元，发行股份占公司总股份25%以上。 公司股本总额超4亿元，发行股份占比10%以上	股本总额≥3000万元，发行股份占比公司总股份25%以上。 公司股本总额超4亿元，发行股份占比10%以上	股本总额≥3000万元，发行股份占比公司总股份25%以上。 公司股本总额超4亿元，发行股份占比10%以上	股本总额≥3000万元。 股东人数不少于200人，公众股东持股比例不低于公司总股份的25%。 公司股本总额超4亿元，公众股东持股比例不低于公司总股份的10%	挂牌同时向不少于4家做市商在内的对象定向发行股票，按挂牌同时定向发行价格计算的市值不低于1亿元
净利润+市值+现金流/收入	最近3年净利润为正，净利润累计不低于2亿元，且最近1年净利润不低于1亿元。 最近3年经营活动产生的现金流量净额累计不低于2亿元或者营业收入累计不低于15亿元	预计市值不低于10亿元。 最近2年净利润为正，且最近2年净利润累计不低于5000万元	最近2年净利润均为正，且累计净利润不低于1亿元。 最近1年净利润不低于6000万元	预计市值不低于2亿元。 最近2年净利润均不低于1500万元，且加权平均净资产收益率不低于8%	最近2年营业收入平均不低于3000万元，且最近1年营业收入增长率不低于20%
市值+净利润+收入或ROE	预计市值不低于100亿元。 最近1年营业收入不低于10亿元。 最近1年净利润为正	预计市值不低于10亿元。 最近1年净利润为正，且最近1年营业收入不低于1亿元	预计市值不低于15亿元。 最近1年营业收入不低于4亿元	预计市值不低于2亿元。 最近1年净利润不低于2500万元，且加权平均净资产收益率不低于8%	最近2年净利润均为正，且累计不低于800万元，或者最近1年净利润不低于600万元

续表

IPO条件	主板	科创板	创业板	北交所	新三板
市值+收入+研发投入	—	预计市值不低于15亿元。 最近1年营业收入不低于2亿元，且最近3年累计研发投入占最近3年累计营业收入的比例不低于15%	最近3年研发投入符合增长率不低于15%，最近1年研发投入金额不低于1000万元，且最近3年营业收入符合增长率不低于20%	预计市值不低于8亿元。 最近1年营业收入不低于2亿元。 最近2年累计研发投入占最近2年累计营业收入比例不低于8%	最近1年营业收入不低于3000万元，且最近2年累计研发投入占最近2年累计营业收入比例不低于5%
市值+收入+经营活动现金流+净利润	预计市值不低于50亿元，且最近1年营业收入不低于6亿元。 最近3年经营活动产生的现金流量净额累计不低于1.5亿元。 最近1年净利润为正	预计市值不低于20亿元。 最近1年营业收入不低于3亿元，且最近3年经营活动产生的现金流量净额累计不低于1亿元	—	预计市值不低于4亿元。 最近2年营业收入平均不低于1亿元，且最近1年营业收入增长率不低于30%。 最近1年经营活动产生的现金流量净额为正	最近2年营业收入平均不低于5000万元，且经营活动现金流量净额均为正
市值+收入	—	预计市值不低于30亿元。 最近1年营业收入不低于3亿元	市值不低于50亿元。 最近1年营业收入不低于3亿元	—	—
优势或市值+研发投入	—	预计市值不低于40亿元。 主要营业或产品需经国家有关部门批准，市场空间大，目前已取得阶段性成果，医药行业企业需至少有一项核心产品获准开展二期临床试验，其他符合科创板定位的企业需要具备明显的技术优势，并满足相应条件	最近3年累计研发投入金额不低于5000万元，且最近3年营业收入符合增长率不低于20%。 属于制造业优化升级、现代服务业或数字经济等现代产业体系领域，且最近3年营业收入符合增长率不低于30%	预计市值不低于15亿元。 最近2年研发投入合计不低于5000万元	最近2年研发投入累计不低于1000万元，且最近24个月或挂牌同时定向发行获得专业机构投资者股权投资金额不低于2000万元

融资能力也是企业选择上市板块时必须考虑的关键因素。不同板块在融资能力、资金流动性等方面存在显著差异，将直接影响企业的融资效率和成本。这就要求企业必须关注板块的定价能力和估值水平。不同板块在定价能力和估值水平上存在差异，将直接影响企业的融资成本和估值。因此，企业还应充分考虑自身业务特点和估值预期，选择具有较高定价能力和合理估值水平的板块。

最后强调一点，上市后的持续监管要求也是企业必须关注的方面。上市后，企业需要定期披露财务报告、重大事项等信息，接受交易所和监管机构的持续监管。不同板块在信息披露、内部控制、合规经营等方面的监管要求也有所不同。因此，企业在选择上市板块时，应充分考虑自身的管理水平和风险控制能力，选择能够适应监管要求的板块。

综上所述，企业上市前应深入分析各板块的优势和劣势，然后结合企业自身实际情况和发展战略，选择最适合自身的上市板块。同时，企业应关注资本市场的发展趋势和最新动态，不断调整和优化上市策略，以适应不断变化的市场环境。

IPO对企业发展的意义

IPO，即首次公开发行并上市。说到上市，很多人会想到股票、融资、公司治理、资本运作等概念。但这些从严格意义上讲，是企业上市的功能或者上市的收获，具体上市对企业发展有什么意义，并不能简单地以这些功能而论。要想清楚了解 IPO 对企业发展的意义，就必须从帮助企业筹集资金、提升品牌影响力、完善公司治理结构、降低财务成本、激励与吸引人才、提升竞争力 6 个方面进行深入讨论。

（1）高效筹集资金，支持企业扩张。IPO 是企业筹集资金的重要途径之一。通过向公众发行股票，企业可以迅速获得大量资金，这些资金不仅可以用于补充流动资金，还可以扩大生产规模、研发新产品、增设新生产线、加大研发投入和进行其他形式的资本支出，从而达到开拓市场的目的。有了充足的资金支持，企业可以形成更强的竞争力，从而更好地抓住市场机遇，实现快速发展和规模扩张。

（2）提升品牌影响力，增强市场认可度。IPO 过程本身就是企业品牌宣传和推广的绝佳机会。成功上市意味着企业通过了证券市场的严格审核，这无疑是对企业实力和信誉的肯定。此外，上市企业的信息披露和媒体报道也会增加企业的曝光度，有助于提升其品牌知名度和市场认可度。这种品牌效应有助于企业树立良好形象，在市场竞争中占据更有利的位置，吸引更多的客户和合作伙伴，为企业的长期发展奠定坚实的基础。

（3）优化股权结构，完善治理结构。IPO 有助于企业优化股权结构，实现股权的多元化和分散化。通过发行新股，企业可以引入新的战略投资者和机构投资者，使股权结构更加合理和稳固。同时，上市企业的监管要求和信息披露制度会促使企业加强内部治理，降低运营风险，提高决策效率和透明度。

（4）拓宽融资渠道，降低财务成本。上市后，企业可以利用资本市场进行多元化融资，如增发、配股、可转债等，以满足企业不同发展阶段的资金需求。这种融资方式的多样性和灵活性为企业提供了更多的选择，有助于降低企业的融资成本。同时，由于上市企业的信誉度较高，往往可以获得更优惠的贷款利率和更长的还款期限，从而使其财务成本进一步降低。

（5）激励员工，吸引人才。通过员工持股计划或股权激励方案，企业可以让员工分享到企业发展的成果，从而激发员工的工作积极性和创造力。此外，上市企业的知名度和品牌影响力也有助于吸引更多优秀的人才加入，为企业注入新的活力和创新力。

（6）规范化运营，提升竞争力。IPO 要求企业必须符合一定的财务和治理结构标准，这促使企业进一步完善其内部管理制度和流程，规范企业运营。上市企业需要定期发布财务报告和公告，接受公众和监管机构的监督与约束，提高企业的决策透明度和运营效率。同时，上市企业的信息公开和透明化要求有助于提升企业的市场竞争力，使企业在与同行的竞争中处于更有利的位置。

长三角地区作为我国经济发展的重要引擎之一，近年来涌现出众多成功实现 IPO 的企业。以长三角地区的知名科技企业天合光能为例，该企业通过 IPO 实现了跨越式发展，成为全球领先的光伏智慧能源整体解决方案提供商。

成立于 1997 年的天合光能，发展到 2017 年，光伏组件累计出货量全球排名第一。2020 年 6 月 10 日，天合光能在上海证券交易所科创板挂牌交易，成为首家在科创板上市的涵盖光伏产品、光伏系统以及智慧能源的光伏企业。

发展愿景为“用低成本和高价值的光伏智慧能源方案引领全球能源变革”的天合光能，虽然在上市时已经是行业翘楚，但仍然需要大量资金支撑研发。天合光能成功登陆 A 股资本市场，是公司发展的里程碑事件，上市后首次融资便达到 30 亿元人民币，计划投资项目为：5.25 亿元投入 250MWp 光伏发电领跑基地项目上；6.51 亿元投入晶硅、太阳能电池和组件技改与扩建项目上；4.37 亿元投入研发及信息中心升级建设项目上；剩余 13.87 亿元用于补充流动资金。

上市不仅为天合光能打通了资本市场的融资渠道，还极大地提升了企业品牌知名度。截至目前，天合光能上市已经四年，始终不忘初心，依托资本市场的春风，持续加大研发投入，不断保持创新能力，积极带动国内相关产业升级，使企业始终保持世界领先的光伏产品供应商地位。

IPO对企业股东的增益

通过上节阐述，我们已经知道 IPO 对于企业的诸多好处，那么 IPO 对于企业股东有什么具体好处呢？可以说好处非常多，但综合而言可以概括为使企业股东的收益增大增多了。IPO 使企业的股票可以在公开市场上交易，为股东和员工提供了更多的投资选择和增值机会。股东可以通过买卖股票获得资本增值收益，而员工则可以通过持有本企业股票享受企业发展的红利。这种利益共享的机制有助于增强员工的归属感和凝聚力，促进企业的稳定发展。本节就来详细讨论这方面的内容。

1. 提升股东财富价值

企业 IPO 以前，也会计算股东的财富价值，这是衡量企业价值的必要组成部分，但一般是通过净资产计算。企业 IPO 之后，其价值通过二级市场市值就可以计算出来，不仅计算过程更为容易，更重要的是股东的财富价值也将获得巨大增值。因此每年新的大型企业上市和二级市场的股价波动，均会给“富豪榜”排名带来显著变化。

2. 增强股东资产流动性

在 IPO 之前，企业股东的股份通常处于非流通状态，难以实现价值的最大化。而一旦企业成功上市，那么便实现了资产证券化，股东的股份就转化为可交易的公众股份，流动性极大增强。此时，股东可以根据市场情况和自身需求，在不违反法律规定的前提下，随时在二级市场进行股票买卖操作，实现资产的灵活变现。

股东可以于合适的时机在二级市场出售股份，实现资本退出和收益变现。这种退出机制不仅操作简便，而且相对公平透明，可以有效保护股东的权益。值得注意的是，IPO 增强资产流动性的同时，也带来了潜在的市场风险。股东需要密切关注市场动态，理性分析投资风险，以做出明智的投资决策。

3. 方便股东自身融资

上市企业的重要股东，往往具有与其身份相匹配的信用水平，既可以各种方式获得融资，也可以将所持有的上市企业的股权进行质押融资，还可以通过证券公司直接进行股票质押融资（场内交易的方式）。

当股东为公司制形式时，可以通过发行可交换公司债券（EB）的方式实现减持企业股权或利用股权质押融资。可交换公司债券由持有上市企业股份的股东发行，可在一定期限内依据约定的条件交换成该股东所持有上市企业股份的公司债券。

4. 提升大股东社会影响力

在任何国家，上市都是稀缺资源，需要经过严格的审核，企业也需完全符合规定要求才有机会通过。IPO 代表着企业成功跻身资本市场，这本身就是一种获得社会认可的象征。作为大股东，他们是企业的重要支撑和决策者，企业的成功上市无疑会提升他们在社会上的声望和影响力。

上市企业需要遵守更为严格的法规和监管要求，促使大股东在企业管理、决策等方面更加注重规范化和透明度。而且，正面的企业形象也会反映在大股东身上，进一步提升其社会影响力。

企业上市前后估值的显著变化

企业上市是一个复杂的金融过程，涉及企业所有权结构的变化、市场认知度的提升以及融资渠道的拓宽等多个方面。这一过程往往伴随着企业估值的显著变化，体现了市场对企业未来发展前景的重新评估和期待。本节从上市的本质切入，来详细且深入地探讨企业估值和企业上市前后估值的变化。

上市的本质，简言之就是将企业未来多年的预期利润变成现在的资产价值。

企业在未上市前，都是以净资产值作为基础定义其价值的。企业上市后，就会以市盈率作为基础考虑其价值。例如，某企业上一年的净利润为4000万元，如果其资本市场表现良好，给予其10倍的市盈率估值，那么其市值将达到4亿元。这4亿元的估值中，有4000万元是该企业当下的价值，多余的部分则是其未来实现的净利润总和的直观体现。当然，这4亿元的未来利润总和并非是准确估值，未来该企业的实际价值可能高于4亿元，也可能低于4亿元，但以当下的表现来看，预估其未来可以达到4亿元估值的经营水平。而且，用严谨的态度来看，正确估值一家企业，还要将未来现金流折算成当下的价值。因此，企业资产的价格应该等于其未来现金流的贴现，因为相同额度的资金现值要比期值更有价值（未考虑资金的时间价值）。

上市，因为赋予了股权流通性，让价值交易成为可能，因此价值得以更加清晰地显现出来。可以做一个概括：未来收益变现+流动性溢价，即为上市的本质。

清楚了上市的本质后，可以更方便地计算出上市企业的市值：上市企业市值=净利润 × 市盈率，也即每股股价=每股收益 × 市盈率。

由此可见，企业上市前后，估值方法发生了显著的改变，估值也发生了显著变化。上市前，企业的运营和财务信息往往只有少数人知悉，导致外界难以准确评估企业的真实价值。上市后，企业需要按照证券市场的规定，定期公布财务报告、经营情况等信息，接受公众和监管机构的监督。

下面以三只松鼠为例进行详细讨论。休闲食品行业的基本特征有三点，首先是健康营养的产品加上贴心周到的服务，其次是功能性价值结合个性化价值，最后是偶发性购买动机下的即买即得。因此，我国休闲食品行业呈现经营范围地域化、销售渠道融合化、产品类别同质化的竞争格局（见图 1–2）。

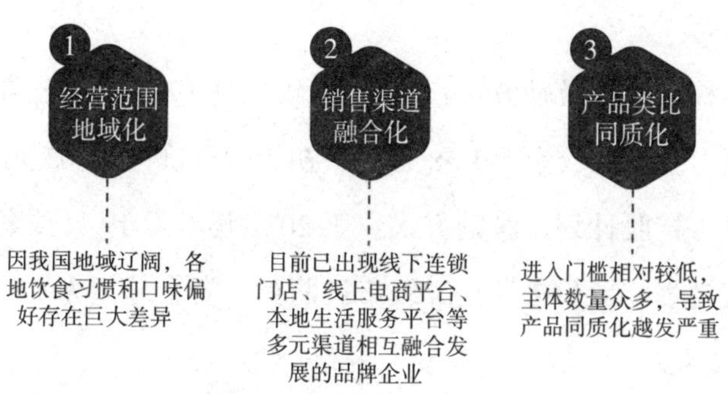

图1–2　我国休闲食品行业的竞争格局

创立于安徽省芜湖市的三只松鼠，于 2019 年 7 月 12 日正式上市。其主要从事休闲食品的研发、采购、生产、检测、分装、销售和运营业务，产品包括坚果、炒货、糖巧、果干、烘焙、肉制品等休闲品类。

三只松鼠的资本开支在上市后一年（2020 年）比上市前一年（2018 年）增长 33%，而销售费用率在上市后一年比上市前一年降低 3.4%。这种落差的产生是因为企业上市后筹集了权益资金，有了更多资金用于扩产，因而上市后资本开支显著提高；而上市为企业带来了知名度，推广费用因此减少。

资本增多了，但推广费用下降，就会产生更多的纯利润，企业偿债能力大幅提升。三只松鼠的资产流动比率在上市后一年比上市前一年增加了 23%，而资产负债率在上市后一年比上市前一年降低了 11.7%。这两项比例的交错式升跌，可以更加清楚地体现出企业纯利润和价值的提升。

同时，因为企业利润的提升，三只松鼠的研发投入也显著增加，上市后一年比上市前一年增加了55.9%。

要想在资本市场有更好的表现，就必须有更出色的经营业绩，因此必须通过相应政策来激励员工为企业的长期发展和利益增长作出更多贡献，从而让员工与企业利益紧密相关，为此，三只松鼠在上市后做了多次股权激励，例如，仅在2021年6月19日，就做出了股权激励和员工持股计划两次激励，具体为：

（1）股权激励。激励方式：于2021年6月19日首次公告日，提出定向发行股票，激励总数为111.58万股，初始行权价为25.05元/股。

（2）员工持股计划。激励方式：于2021年6月19日预案公告日，提出员工持股计划，股份来源是二级市场购买，资金总额为17461万元，参与人数是22人。

综上所述，企业上市前后估值的显著变化是一个复杂而重要的现象。这一变化既体现了市场对企业价值的重新评估，也反映了企业在融资、知名度、美誉度以及资本运作等方面的显著提升。对于企业和投资者而言，了解和把握这一变化趋势对于制定合理的融资策略和投资决策具有重要的指导意义。

第二章

IPO上市的主要决策因素

财务规范的相关IPO要求

在IPO过程中，财务独立性是企业需要满足的基本条件之一。财务独立性要求发行人必须建立独立的财务核算体系，能够独立做出财务决策，具有规范的财务会计制度和对分公司、子公司的财务管理制度；发行人不得与控股股东、实际控制人及其控制的其他企业共有银行账户；发行人与其关联方之间在财务上保持清晰、透明的界限，避免资金、业务、人员等方面的交叉和依赖；发行人的财务人员不得在控股股东、实际控制人及其控制的其他企业中兼职。同时，发行人的财务信息披露真实、准确、完整，符合企业会计准则相关规定和重要性原则。

上市强监管时代，内部控制与财务规范更要求从严，如对于有内控问题的企业（会计政策或会计差错、大额资金占用等），则必须等三年之后才能申报。

《监管规则适用指引——发行类第5号》对发行人的财务问题提出了具体规范与核查要求。下面通过案例将其中的重要规范与要求做出详细分析：

1.财务内控有效

案例：发行人在报告期内，存在实际控制人多次占用发行人资金的情况。发行人需说明防范实际控制人、控股股东及其关联方资金占用和违规担保等损害发行人利益的内控制度是否健全且被有效执行。

发行人良好的财务内部控制因素包括以下几个方面：

（1）内部环境。企业实施内部管控的基础，包括治理结构、机构设置、权责分配、内部审计、人力资源政策等。

（2）风险评估。企业须能及时识别与系统分析经营活动中的相关风险，并根据风险评估结果，制定合理的风险应对策略与控制措施。

（3）信息沟通。企业需要及时、准确地收集、传递与内部控制有关的信息，确保信息在企业内部与外部的适当范围可以形成有效沟通。

（4）内部监督。企业必须做到控制与监督“两手抓”，从而形成对内部控制实施情况的监督检查机制，如发现内部控制存在缺陷，应及时修正。

企业在申请上市时，经常会出现财务内控方面不规范的情形，这就需要通过中介机构上市辅导完成整改，并建立健全相关内控制度，禁止相关不规范情形再次发生（见图 2-1）。

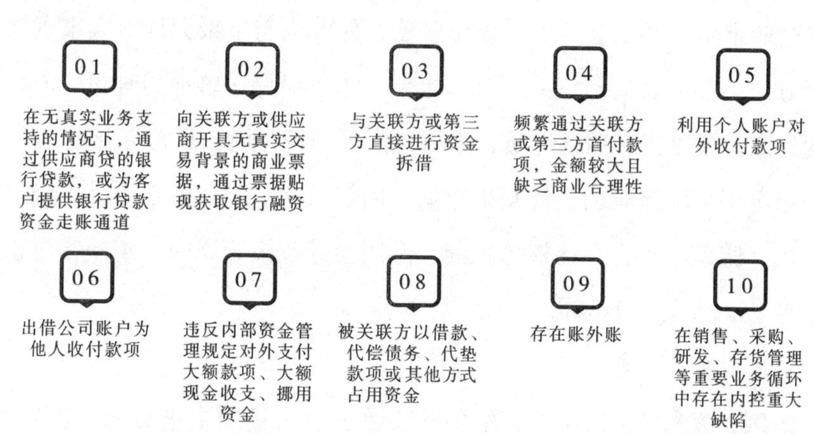

图2-1　部分企业在提交申报材料的审计截至日前存在财务内控不规范情形

2. 会计核算规范

案例：发行人因调整期初固定资产减值准备等事项，影响报告期净利润分别为 2895.77 万元、3100.23 万元、2420.25 万元。发行人需说明产生大额减值准备的原因及其合理性。

发行人的会计政策须符合实际情况，收入确认与合同匹配，并符合财政部制定的《企业会计准则》要求。企业的成本与费用计算量恰当，资产减值准备计提谨慎，负债支付费用确认准确。

此外，需保证企业的会计差错在允许范围内，申报报表与当年的纳税申报表差异符合相关要求，且申报前与申报后的会计政策、会计估计变更与差错更正也应正确实施。

企业在申报前进行审计调整，申报会计师应按要求对企业编制的申报财务报表与原始财务报表的差异进行审核，并出具差异比较表鉴证报告，同时说明审计调整原因。保荐人应核查审计调整的合规性。

发行人申报后存在会计政策、会计估计变更，相关变更事项应符合专业审慎原则，与同行业上市企业不存在重大差异，且需提交更新后的财务报告。

企业申报后出现会计差错更正事项，保荐人与申报会计师应重点核查四个方面，并发表明确意见，具体包括：①差错更正事项的时间、内容和范围；②差错更正事项的性质、原因与依据是否合规，是否符合审慎原则；③差错更正事项是否因会计基础薄弱、内控重大缺陷、盈余操纵、未及时进行审计调整的重大会计核算疏漏、滥用会计政策等原因；④差错更正事项是否已准确、充分披露。

3. 现金交易核查

案例：发行人在2017年存在员工通过借用备用金进行采购的情形，采购金额为844.36万元，占当期采购总额的比例为7.7%。发行人需按照中国证监会《首发业务若干问题解答（2020年6月修订）》中解答42条的要求，披露现金采购的主要内容、必要性和合理性，看其是否与发行人业务情形或行业惯例相符。

发行人报告期存在现金交易或以大额现金支付薪酬、报销费用、垫付各类款项的，保荐人与申报会计师必须予以核查，通常包括以下几个方面：

（1）现金交易或大额现金垫付的必要性。

（2）现金交易或大额现金垫付是否符合企业所在行业惯例，现金交易比例是否处于合理范围。

（3）现金管理制度是否与业务模式、内部管理制度相匹配。

（4）现金交易流水的发生与相关业务的发生是否真实一致。

（5）企业实际控制人与董监高的关联方，以及大额现金支付对象，是否与客户或供应商及其关联方存在资金往来。

（6）相关收入确认及成本核算的原则与依据，是否涉及体外循环或虚构业务。

（7）企业为减少现金交易采取的改进措施及进展情况。

4. 第三方回款核查

案例：发行人在报告期内，第三方回款金额分别是 4779.84 万元、9544.95 万元和 7278.52 万元，占营业收入的比例分别为 31.18%、54.74% 和 33.42%。发行人需披露第三方回款的原因、必要性、商业合理性、第三方回款的真实性是否存在虚构交易或调节账龄的情形，以及报告期内是否存在因第三方回款导致的商业纠纷。

发行人报告期存在第三方回款的，保荐人与申报会计师需要进行核查，通常包括以下几个方面：

（1）第三方回款的真实性，是否虚构交易或调节账龄。

（2）第三方回款相关金额及比例是否处于合理范围。

（3）第三方回款的原因、必要性与商业合理性，是否与经营模式相关，是否符合行业经营特点。

（4）第三方回款是否具有可验证性，资金流、实物流与合同约定及商业实质是否一致。

（5）实际控制人、董监高或其他关联方与第三方回款的支付方是否存在关联关系或其他利益关联。

（6）合同明确约定第三方付款的，该交易安排是否合理。

（7）涉及境外第三方回款的，第三方代付是否具有商业合理性。

5. 经销模式核查

案例：发行人前实际控制人的亲属为发行人的主要经销商，经销商的销售单价是发行人销售单价的 2 ~ 8 倍。发行人需说明：①上述情况的商业合理性，是否违背了行业惯例；②报告期为什么不要经销商的实际经营业绩情况。

发行人在报告期任意一期的经销收入和毛利占比超过 30% 的，原则上中介机构都需按照规定做好相关工作，并出具专项说明。核查的重点是经销模式内控制度的合理性、经销商构成的稳定性与经销收入确认、计量原则。

经销模式内控制度包括但不限于经销商选取标准、多层级经销商管理制度、新增及退出管理方法、定价考核机制、退换货机制、物流管理、信用及收款管理、结算机制、库存管理机制、对账制度等。

经销商构成的稳定性包括但不限于：①不同类别、不同层级经销商数量、销售收入及毛利占比变动原因；②新增、退出经销商数量与销售收入、毛利占比的合理性；③主要经销商收入及毛利占比变动原因；④经销商是否存在个人等非法人实体，该类经销商数量、销售收入及毛利占比与同行业可比企业是否存在显著差异。

经销收入确认、计量原则包括：对销售补贴或返利、费用承担、经销商保证金的会计处理；对附有退货条件、给予购销信用、前期铺货借货、经销商作为居间人参与销售等特别方式下的经销收入确认、计量原则，是否符合《企业会计准则》规定，是否与同行业可比企业存在显著差异。

6. 资金流水核查

案例：发行人在现场督导时发现，报告期内法人代表账户资金流水中存在36笔通过POS机刷的大额消费，合计560.78万元，其中多笔支付具有金额、日期相近且为异地消费、交易方多为零售批发店等特点，与个人一般消费习惯不符。

保荐人与申报会计师应充分评估发行人所处经营环境、行业类型、业务流程、规范运作水平与主要财务数据等因素，确定企业的相关资金流水核查的具体程序，以保证企业财务报表不存在重大错报风险。

保荐人及申报会计师在资本流水核查中，应结合重要性原则，重点核查报告期内发生的以下事项：

（1）企业的资金管理相关内部控制制度是否存在较大缺陷。

（2）是否存在银行账户不受企业控制或未在企业财务核算中全面反映的情况。

（3）企业的大额资金往来是否与经营活动、资产购置、对外投资等不匹配。

（4）企业与控股股东、实际控制人、董监高、关键岗位人员等是否存在异常大额资金往来。

（5）企业是否存在同一账户或不同账户之间有日期相近的异常大额资金进出且无法解释的情形。

（6）企业是否存在大额购买非实物形态资产或服务且商业合理性存疑的情形。

（7）实际控制人的个人账户大额资金往来较多且无合理解释。

（8）控股股东、实际控制人、董监高、关键岗位人员是否从企业获得大额现金分红款、薪酬或资产转让款，以及因转让企业股权而获得大额股权转让款，且主要资金流向或用途存在重大异常。

（9）控股股东、实际控制人、董监高、关键岗位人员与企业关联方、客户、供应商是否存在异常大额资金往来。

（10）是否存在关联方代企业收取客户款项或支付供应商款项的情形。

7. 有关涉税事项

案例：发行人于2019年11月7日取得《高新技术企业证书》，2019—2022年度执行15%的企业所得税税率，发行人需说明《高新技术企业证书》复审进度是否存在实质性障碍。

发行人依法取得的税收优惠，如高新技术企业、软件企业、文化企业、西部大开发等特定性质或区域性的税收优惠，符合《公开发行证券的公司信息披露解释性公告第1号——非经常性损益（2023年修订）》规定的，可以计入经常性损益。

中介机构应对照税收优惠的相关条件和履行程序的相关规定，对企业税收优惠政策到期后是否能够继续享受优惠发表明确意见（见图2-2）。

如果很可能获得相关税收优惠批复，按优惠税率预提预缴经税务部门同意，可暂按优惠税率预提，并说明如果未来被追缴税款，是否有大股东承诺补偿。同时，发行人应在招股说明书中披露税收优惠的不确定性风险。

如果获得相关税收优惠批复的可能性较小，需按照谨慎性原则按正常税率预提，未来根据实际的税收优惠批复情况进行相应调整。

图2-2　中介机构对企业是否能够继续享受税收优惠发表明确意见

企业补缴税款，符合会计差错更正要求的，可追溯调整至相应期间。缴纳罚款、滞纳金等，原则上应计入缴纳当期。

8. 投资收益占比

案例：发行人在报告期内，投资收益绝大多数来自联合企业的投资收入，占同期归属母公司净利润的比例较高。发行人需进一步说明，提出投资收益及关联交易后独立经营的业务和财务情况，上述情形是否构成《首次公开发行股票并上市管理办法》规定的影响发行人持续盈利能力条件中“最近一个会计年度的净利润主要来自合并报表范围以外的投资收益”的情形，以及相关信息和风险是否充分披露。

发行人来自合并报表范围以外的投资收益占当期合并净利润的比例较高，保荐人与申报会计师通常应关注的重点有：

（1）企业如减除合并财务报表范围以外的对外投资及投资收益，剩余业务是否具有持续经营能力。

（2）发行人（作为投资方）的主营业务与被投资企业的主营业务是否具有高度相关性，如同一行业、类似技术产品、上下游关联产业等。

（3）企业是否充分披露相关投资的基本情况，以及投资对企业的影响。

最后强调一点，若要确保以上方面都能符合企业 IPO 的财务规范，企业就必须保证持续稳定的经营状态，包括：企业的商业模式、产品或服务的品类结构未发生重大不利变化；企业的行业地位和所属行业环境未发生重大变化；企业的商标、专利、专有技术及特许经营权等未发生重大不利变化；不存在其他可能对企业持续盈利能力构成重大不利影响的情形。

股权设计的相关IPO要求

根据《首次公开发行股票注册管理办法》，发行人的股份权属必须清晰，不存在可能导致控制权变更的重大权属纠纷。股份权属清晰的发行人才能做到战略方针与经营决策、组织运作与业务运营的稳定。股份权属清晰的发行人也可以杜绝股权代持行为，防止上市过程中产生股权纠纷和上市之后带来的利益输送。

根据《监管规则适用指引——关于申请首发上市企业股东信息披露》的相关规定，发行人需做到以下几点。

（1）企业应当真实、准确、完整地披露股东信息；企业历史沿革中存在股份代持等情形的，应在提交申请前依法解除，并在招股说明书中披露形成原因、演变情况、解除过程、是否存在纠纷（或潜在纠纷）。

（2）企业在提交申报材料时，应出具专项承诺并对外披露，说明企业股东是否存在下列情形：①法律法规规定的禁止持股主体直接或间接持有企业股份；②本次发行的中介机构和其负责人、高级管理人员、经办人员直接或间接持有发行人的股份；③以企业股权进行不当利益输送。

（3）企业提交申请前 12 个月内新增的股东，应在招股说明书中充分披露新增股东的基本情况、入股原因、入股价格（含定价依据），新股东与企业其他股东、董事、监事、高级管理人员是否存在关联关系，新股东与本次发行的中介机构及其负责人、高级管理人员、经办人员是否存在关联关系，新股东是否存在股份代持情形，且新股东须承诺所持股份自取得之日起 36 个月内不得转让。

（4）企业的自然人股东入股交易价格明显异常的，中介机构应核查该股东基本情况、入股背景等信息，并说明是否存在《监管规则适用指引——关于申请首发上市企业股东信息披露》的第 1 项、第 2 项情形。

（5）企业的股权架构为两层以上且无实际经营业务的，若有股东的入股交易价格明显异常，则中介机构应核查该股东的全部情况，并说明是否存在《监管规则适用指引——关于申请首发上市企业股东信息披露》的第 1 项、第 2 项情形。

例如，发行人在申请 IPO 时，被要求需按照《监管规则适用指引——

关于申请首发上市企业股东信息披露》的规定，真实、准确、完整披露股东信息，并补充出具专项承诺。同时，请保荐人、发行人律师按照指引的要求，对发行人披露的股东信息进行全面深入核查，逐条认真落实核查工作，并提交专项核查说明。

2021 年 5 月 28 日，中国证监会新闻发言人就 IPO 股东信息披露核查有关问题答记者问。新闻发言人称："今年 2 月《监管规则适用指引——关于申请首发上市企业股东信息披露》实施以来，证监会督促市场主体按照规定规范股东入股行为，取得积极效果。近期证监会关注到，在具体执行过程中，一些中介机构出于免责目的扩大核查范围，存在有些持股主体无法穿透核查、个别持股比例极少的股东也要核查等现象，增加了企业负担。"2021 年 6 月 16 日，上交所与深交所分别发布《关于进一步规范股东穿透核查的通知》。

股东穿透核查应把握重要性原则，避免免责式、简单化的核查。对于持股较少、不涉及违法违规"造富"等情形的，中介机构实事求是出具意见后可以正常推进审核（原则上，直接或间接持有企业股份数量少于 10 万股或持股比例低于 0.01% 的，可认定为持股较少）。

中介机构还应按照《监管规则适用指引——发行类第 2 号》的要求，做好证监会系统离职人员入股的核查工作。

中介机构在核查股东信息时，应关注是否涉及离职人员入股的情况，并出具专项说明。企业及中介机构在提交发行申请文件时，应提交专项说明（见图 2–3）。

例如，发行人的间接股东中存在证监系统离职人员，发行人需按照《监管规则适用指引——发行类第 2 号》的要求，说明证监系统离职人员的具体情况，包括离职前的任职单位等信息。

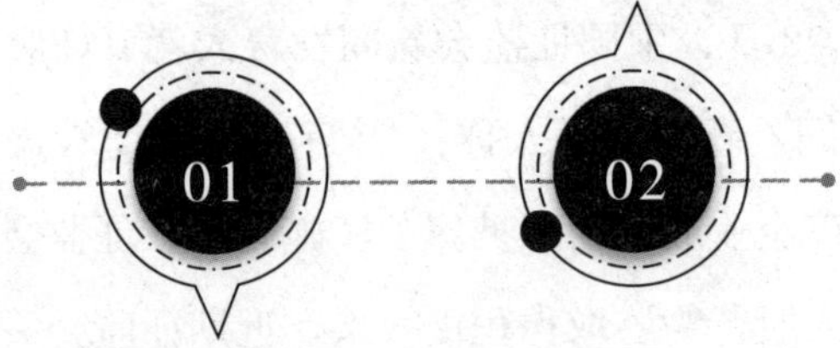

图2-3　中介机构提交专项说明的内容

IPO 申报前 12 个月，通过增资或股权转让产生的新股东，保荐人、企业律师应按照《监管规则适用指引——关于申请首发上市企业股东信息披露》《监管规则适用指引——发行类第 2 号》的相关要求进行核查。如新股东为法人，应披露其股权结构及实际控制人；如新股东为自然人，应披露其基本信息；如新股东为合伙企业，应披露合伙企业的普通合伙人及其实际控制人、有限合伙人的基本信息。最后一年年末资产负债表日后增资扩股引入新股东，还需在申报前增加一期审计。

例如，发行人在本次申报前，自然人毛某进行了投资入股。发行人需说明：①毛某入股的详细过程，发行人申报前引入该股东的合理性；②入股价格的确定依据、合理性及是否存在不当利益输送情况；③毛某入股比例是否存在可以规避相关股东核查及股份锁定期相关规定的情形。

此外，发行人还应根据《监管规则适用指引——发行类第 4 号》的相关规定，再结合其他法律法规的配套规定，将以下方面执行到位：

（1）对于历史沿革涉及较多自然人股东的企业，保荐人、企业律师应核查历史上自然人股东入股、退股是否按照当时有效的法律法规履行了相应程序，入股或股权转让协议、款项收付凭证、工商登记资料等法律文件是否齐备，是否存在委托持股或信托持股情形，是否存在争议或潜在纠纷。

（2）企业应按照《监管规则适用指引——关于申请首发上市企业股东信息披露》的要求，对资产管理产品、契约型私募投资基金股东进行信息披露。资产管理产品、契约型私募投资基金持有人为企业股东的，中介机构应核查确认该股东依法设立且有效存续，并已按规定履行审批、备案或报告程序。此外，中介机构还应核查确认资产管理产品、契约型私募投资基金是否符合现行锁定期和坚持规则要求。

（3）企业历史上存在出资瑕疵的，应在申报前充分披露存在的出资瑕疵事项，并依法采取补救措施，此外还要出具中介机构的核查意见。

（4）对于控股股东、实际控制人支配的企业股权出现质押、冻结或诉讼仲裁的，对于董事、监事、高级管理人员所持股份发生被质押、被冻结或诉讼纠纷情形的，企业应按照《公开发行证券的公司信息披露内容与格式准则第 57 号——招股说明书》《监管规则适用指引——发行类第 5 号》的相关规定，予以充分披露；保荐人、企业律师应充分核查发生上述情形的原因、相关股权比例、质权人和申请人或其他利益相关方的基本情况。此外，保荐人、企业律师还应核查约定的质权实现情形，以及控股股东、实际控制人的财务状况和清偿能力，是否存在股份被强制处分的可能性以及是否存在影响企业控制权稳定的情形等。

（5）企业存在境外控制架构的，保荐人和企业律师应对企业设置此类股权架构的原因、持股的真实性与合法性进行核查，看是否存在委托持股、信托持股以及各种影响控股权约定的情形，说明企业控股股东与受控股股东、实际控制人支配的股东所持的企业股份权属是否清晰，以及企业如何确保其公司治理和内控的有效性。

股权激励的相关IPO要求

股权激励是发行人以股票为标的，对其董事、高级管理人员及其他员工进行的长期性激励。在具体实践中，股权激励还可以扩展至其他利益相关方，如企业上游供应商和下游经销商的负责人等。

在 IPO 过程中，股权激励计划的合规性是监管机构关注的重点之一。为确保计划的合规性，企业应首先遵守国家相关法律法规，如《中华人民共和国公司法》《中华人民共和国证券法》等，并严格按照中国证监会的规定进行股权激励计划的设计和实施。其次，企业需确保股权激励计划符合企业章程的规定，避免与现行法律法规和内部制度产生冲突。

在制订股权激励计划时，企业应注重激励与约束相结合，确保计划既能激发员工的积极性和创造力，又能防止滥用股权激励导致的潜在风险。同时，企业还应对股权激励计划进行持续评估与调整，以适应市场变化和企业发展的需要。

《监管规则适用指引——发行类第 5 号》和《企业会计准则第 11 号——股份支付》对发行人股权激励的会计处理提出了具体要求。

企业向职工（含持股平台）、顾问、客户、供应商及其他利益相关方等新增股份，以及主要股东及其关联方向职工（含持股平台）、客户、供应商及其他利益相关方等转让股份，企业应依据实质重于形式原则，对相关协议、交易安排及实际执行情况进行相应的会计处理。具体适用情形可以分为以下三类。

（1）实际控制人 / 老股东增资。可以分为两种情况：①为企业提供服务的实际控制人、老股东，以低于股份公允价值的价格增资入股，且超过其原持股比例而获得的新增股份，属于股份支付；②若增资协议约定，所有股东均有权按各自原持股比例获得新增股份，但股东之间转让新增股份受让权且构成集团内股份支付，导致实际控制人、老股东超过其原持股比例获得新增股份的，属于股份支付。但另有 3 种情况，即便有充分证据支持相关股份获取与企业获得其服务无关的，也不适用《企业会计准则第 11 号——股份支付》（见图 2–4）。

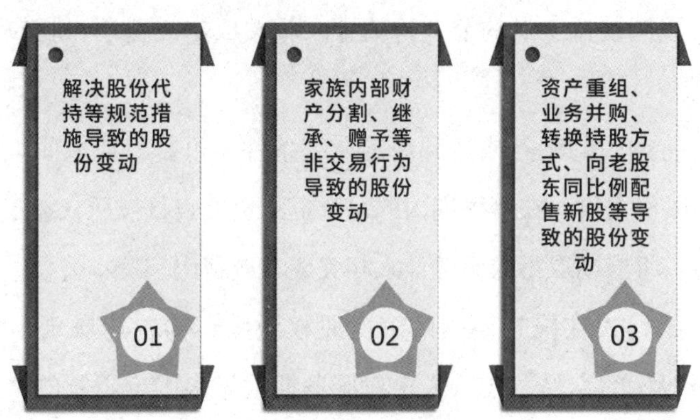

图2–4　不是股份支付的3种情况

（2）顾问或实际控制人 / 老股东亲友获取股份。这三类当事人以低于股份公允价值的价格取得股份，应综合考虑发行人是否获取当事人及其关联方的服务。若企业获得当事人及其关联方服务的，应构成股份支付；若当事人未向企业提供服务，但通过增值取得企业股份的，应考虑企业或其他股东是否向当事人让出利益，从而构成对当事人的股权激励。

（3）客户、供应商获取股份。因客户、供应商与企业形成购销交易关系，因此应综合考虑购销交易公允性、入股价格公允性等因素。若购销交易价格与第三方交易价格、同类商品市场价等相较无重大差异，且企业未从此客户、供应商处获取其他利益，则不构成股份支付；若购销交易价格显著高于或低于第三方交易价格、同类商品市场价格的，应分为两种情况考虑：①客户、供应商入股价格未显著低于同期财务投资者入股价格的，不构成股份支付；②客户、供应商入股价格显著低于同期财务投资者入股价格的，在综合考虑与价格公允性相关的各项因素后，确定是否构成股份支付。

根据《企业会计准则第 11 号——股份支付》，以权益结算的股份支付换取职工提供服务的，应以授予职工权益工具的公允价值计量。

授予后立即可行权的用以换取职工服务的以权益结算的股份支付，且应在授予日按照权益工具的公允价值计入相关成本或费用，相应增加资本公积。

完成等待期内的服务或达到规定业绩条件才可行权换取职工服务的以权益结算的股份支付，在等待期内的每个资产负债表日按照权益工具授予日的公允价值，将当期取得的服务计入相关成本或费用和资本公积。

例如，发行人在报告期内的多次股权激励行为，均属于为获取职工服务而授予股份的交易。发行人未对服务期限做出固定限制的，授予即行权。因此，发行人参照 PE 投资方入股价格、整体估值报告等情况确认股份支付，一次性计入管理费用和资本公积，并作为偶发事项计入非经常性损益。

判断价格是否公允，应考虑与某次交易价格是否一致，是否处于股权公允价值的合理区间范围内等（见图 2-5）。

同时，根据《企业会计准则第 11 号——股份支付》，以现金结算的股份支付，应按照发行人承担的以股份或其他权益工具为基础计算确定的负债的公允价值计量。

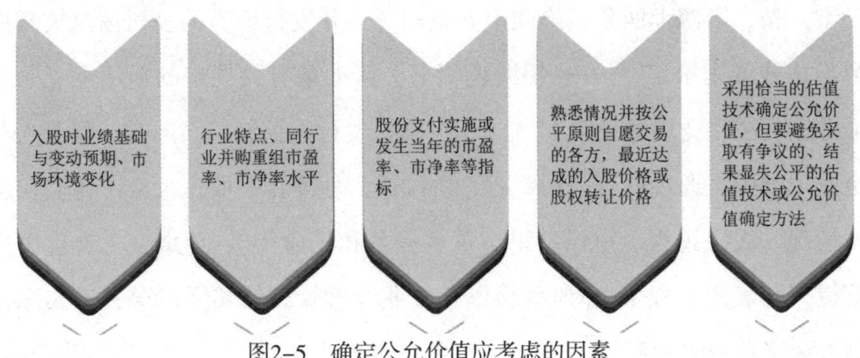

图2-5　确定公允价值应考虑的因素

授予后立即可行权的以现金结算的股份支付，应在授予日以企业承担负债的公允价值计入相关成本和费用，同时相应增加负债。

完成等待期内的服务和达到规定业绩条件才可行权的以现金结算的股份支付，在等待企业内的每个资产负债表日，按照发行人承担负债的公允价值金额将当期取得的服务计入成本或费用和相应的负债。

例如，发行人对于非员工身份被清退的股东，2019 年已经符合清退条件、2020 年 5 月执行清退动作的，属于 2019 年可行权的以现金结算的股份支付，股份支付费用应当一次性计入 2019 年度，并作为偶发事项计入非经常性损益。

实际控制人的相关IPO要求

对于任何企业而言，实际控制人的稳定都是经营稳定的基础，决定了企业的持续发展和持续盈利能力。

IPO 条件要求发行人的股权清晰，最近 3 年内（申请主板）或两年内（申请科创板、创业板、北交所）实际控制人没有发生变更。

根据《〈首次公开发行股票注册管理办法〉第十二条、第十三条、第三十一条、第四十四条、第四十五条和〈公开发行证券的公司信息披露内容与格式准则第 57 号——招股说明书〉第七条有关规定的适用意见——证券期货法律适用意见第 17 号》，在确认发行人控制权归属时，保荐人与企业律师则需通过核查公司章程、协议或其他安排、股东大会（含股东出席情况、表决过程、审议结果、董事提名和任命等）、董事会（含重大决策提议与表决过程等）、监事会以及企业经营管理的实际情况，对实际控制人认定发表明确意见。

但需注意，不同法律法规对实际控制人的定义并不完全相同，企业在申请 IPO 时需要特别注意。

《中华人民共和国公司法》与各板块上市规则对控股股东的表述内涵虽基本一致，但语言上仍存在差异，因此各企业在选择板块 IPO 时，仍需特别注意。

对于企业实际控制人在 IPO 时的要求，《企业会计准则第 20 号——企业合并》中有详细说明，主要侧重于企业发展过程中的企业合并发展，具体包括同一控制下的企业合并和非同一控制下的企业合并。

同一控制下的企业合并是指，参与合并的企业，在合并前后均受同一方或相同多方的最终控制，且该控制并非暂时行为。合并方在企业合并后取得的资产与负债，应按合并方在被合并方的账面价值计算；合并方在企业合并后取得的净资产账面价值与支付的合并对价账面价值（或发行股份面值总额）的差额，应调整资本公积（资本公积不足冲减的，调整留存收益）。

非同一控制下的企业合并是指，参与合并的企业，在合并前后不受同一方或相同多方的最终控制。因此，合并方应区别确定合并成本，包括一次交换交易实现的企业合并成本、多次交换交易分布实现的企业合并成本。

另外，根据《〈首次公开发行股票注册管理办法〉第十二条、第十三条、第三十一条、第四十四条、第四十五条和〈公开发行证券的公司信息披露内容与格式准则第57号——招股说明书〉第七条有关规定的适用意见——证券期货法律适用意见第17号》，对企业IPO过程中出现共同控制人和无实际控制人的情况，也做了详细规定。

拟融资企业主张多人共同拥有企业控制权的，必须符合以下条件：

（1）共同控制人中的每个人都必须直接持有企业股份或者间接支配企业股份的表决权。

（2）企业必须确保治理结构健全、运行状况良好，多人共同拥有企业控制权却并不影响企业规范运作和良性发展。

（3）多人共同拥有企业控制权，必须通过企业章程、协议或其他安排予以明确，且企业章程、协议或其他安排必须合法有效、权利义务清晰、责任范围明确，并有对发生意见分歧或纠纷的解决机制。

（4）实际控制人的配偶、直系亲属，持有企业股份达到5%以上，或者虽未达到5%却担任董事、高级管理人员（可在企业决策过程中发挥重要作用），保荐人和企业律师应当说明上述主题是否为共同实际控制人。

如果企业不存在拥有企业控制权的主体或者企业控制权的归属难以判断的，符合以下情形的，视为企业控制权未发生变更：

（1）企业股权及控制结构、经营管理层和主营业务，在首发前36个月（申请主板）或24个月（申请科创板、创业板、北交所）内没有发生重大变更。

（2）企业股权及控制权结构不影响公司治理有效性。

（3）企业及保荐人和律师可以提供充分证据，以证明企业控制权未发生变更。

企业IPO的五项独立性

发行人在 IPO 过程中，其独立性是监管机构重点考察的内容之一。独立性主要体现在资产完整性、人员独立性、财务独立性、机构独立性和业务独立性五个方面。这五项独立性的保证，有助于企业建立健全治理结构。规范市场运作，增强市场竞争力，从而为成功登录资本市场，实现企业的持续健康发展奠定基础。

1. 资产完整性

案例：发行人（东软医疗）适用的 Neusoft、东软、Neusoft 东软商标，系来自东软集团商标使用许可。发行人需说明：①商标使用许可的具体安排，授权商标在发行人的产品、服务中的具体使用情况，对发行人业务的重要程度；②报告期内，商标许可费用金额及其公允性，对可预见未来生产经营的具体影响；③未将该等商标投入发行人的原因，如何保证发行人资产的完整性。

资产完整性是企业 IPO 独立性的基石。要求发行人的资产权属清晰，不存在权属纠纷，且资产应当完整，未被分割或者占用。包括企业的生产设备、无形资产、土地使用权等关键要素，均应归企业本身所有，且其使用和处置不受其他方的不当影响。

根据《监管规则适用指引——发行类第 4 号》相关规定，如果企业存在实际控制人的房产、商标、专利来自控股股东，但实际控制人授权使用的，保荐人和企业律师应重点核查的方面包括：①相关资产的具体用途；②对企业的重要程度；③尚未投入企业的原因；④租赁或授权使用费用的公允性；⑤是否能确保企业长期使用；⑥今后的处置方案等。并就上述情况是否对企业资产完整性构成重大不利影响发表明确意见。

在实际操作中，企业向关联方租赁非核心经营资产，如办公楼、员工宿舍等，一般不会构成上市障碍；但若向关联方租赁核心经营资产，如土地、厂房、设备等，那么就需要充分的必要性。因此，企业应对自身的资产进行全面清查，以确保资产权属明晰。同时，对于可能存在权属纠纷的资产，应提前进行解决，避免在IPO审核过程中因资产问题导致审核受阻。此外，企业还应建立完善的资产管理制度来确保资产的安全和完整，为企业的稳定发展提供有力保障。

2. 人员独立性

案例：发行人的高级管理人员在控股股东、实际控制人及其控制的其他企业领薪。发行人需说明：①发行人高级管理人员在关联方领取薪酬的原因及对公司治理的影响，相关人员在其他企业的主要工作能否保证专职于发行人的生产经营管理，相关企业是否存在带薪工资的情况；②发行人人员是否具备独立性，是否满足《科创板首次公开发行股票注册管理办法（试行）》第二十条第（一）项、《科创板招股说明书准则》第六十二条第（二）项的规定。

人员独立性是企业IPO独立性的支柱。要求发行人的核心管理人员和技术人员应当具备独立的决策和操作能力，不受其他方的不当干预。同时，发行人的员工应当具备独立的劳动权益，不存在不当的劳务派遣或关联方用工情况（见图2-6）。

根据《监管规则适用指引——发行类第4号》相关规定，发行人如存在与其控股股东、实际控制人、董事、监事、高级管理人员及其亲属直接或间接共同设立其他企业的情形，发行人及中介机构需要披露与核查以下事项：

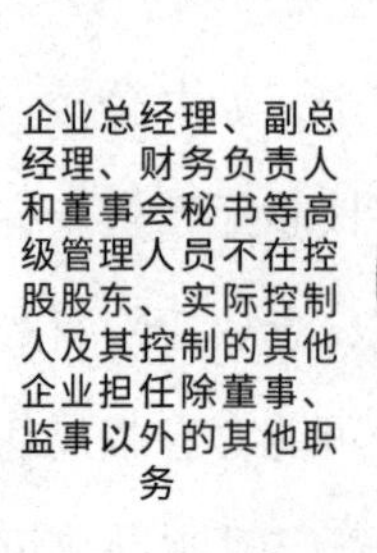
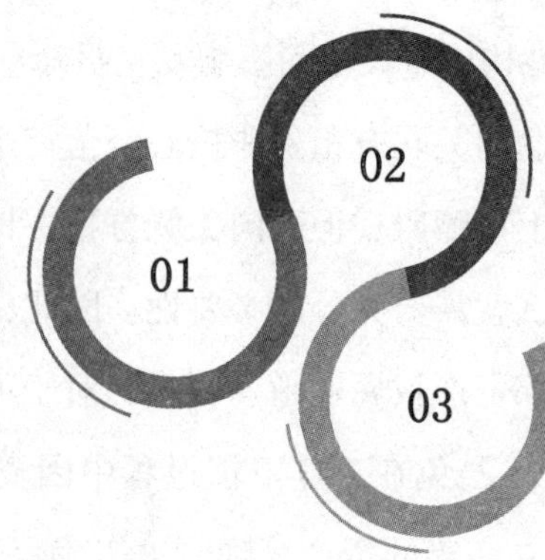

图2-6 发行人的人员独立性具体解释

（1）发行人应披露相关企业的基本情况，包括但不限于公司名称、成立时间、注册资本、所在地、简要历史沿革、经营范围、股权结构、最近1年又一期主要财务数据等。

（2）如发行人与共同设立的企业存在业务或资金往来，发行人应披露相关交易的内容、金额、过程，以及相关交易与发行人主营业务之间的关系。

（3）中介机构应核查发行人与控股股东、实际控制人、董事、监事、高级管理人员及其亲属共同设立其他企业的背景、原因和必要性，说明发行人出资是否合法合规、出资价格是否公允，以及共同设立其他企业是否符合《中华人民共和国公司法》相关规定，即董事、监事、高级管理人员未经股东会/股东大会同意，不得利用职务便利为自己或他人谋取属于本企业（发行人）的商业机会。

因此，为确保人员独立性，企业应建立完善的人力资源管理制度，确保核心管理人员和技术人员的稳定性和连续性。此外，对于可能存在的关联方用工情况，发行人应进行严格的审查和管理，避免因此产生的不必要风险，也为企业的长期发展提供有力的人才保障。

3. 财务独立性

案例：发行人在报告期内及其各子公司普遍存在财务人员混同、岗位分离失效的情形，如会计凭证制单人与审核人为同一人、记账人与审核人为同一人、出纳与会计岗位混同等。发行人需结合上述情形说明会计基础是否规范，内部控制是否有效。

财务独立性是企业 IPO 独立性的核心。要求发行人具备独立的财务体系和健全的财务管理制度，能够自主决策并承担财务风险。发行人的财务应当与其他方保持清晰的界限，不存在不当的财务依赖或关联方交易。

具体形式为，发行人建立起独立的财务核算体系，能够独立做出财务决策，并有对分公司、子公司的财务管理制度；发行人未与控股股东、实际控制人及其控制的其他企业共用银行账户。

因此，为实现财务独立性，发行人必须依靠规范的会计核算和财务管理制度，来确保财务信息的真实、准确和完整。同时，还应加强内部控制和风险管理，防止财务风险的发生和扩大。对于存在的关联方交易，发行人应进行充分的披露和解释，确保其合规性和合理性。

4. 机构独立性

案例：发行人需补充披露报告期内发行人与神州细胞业务系统、办公系统是否存在共用情形，核心技术、研发人员、业务人员是否存在共用情形，发行人关于机构独立及业务独立相关的控制措施。

机构独立性是企业 IPO 独立性的保障，要求发行人的组织机构设置合理，各部门职责明确，能够独立履行职责，不受其他方的不当影响。这具体包括企业的董事会、监事会等治理机构应当独立、有效地运作，保障企业决策和执行过程的公正性与透明度；并与控股股东和实际控制人及其控制的其他企业间不存在机构混同的情形。

为确保机构独立性，发行人应建立完善的治理结构和内部控制体系，一方面明确各部门应行使的经营管理职权，另一方面加强内部监督和制衡。同时，还应重视治理机构的运作效率和质量，提高治理水平和决策能力，为企业的稳定发展提供有力的组织保障。

5. 业务独立性

案例：发行人在报告期内，与由陈某控制的山东某公司及子公司存在较多客户重叠情形。发行人需说明是否存在陈某或关联方替发行人承担成本、费用，以及其他利益输送的情形。

业务独立性是企业IPO独立性的重要体现。要求发行人的业务应当独立、完整，不依赖其他方或受到其他方的控制。具体是指发行人的业务应独立于控股股东、实际控制人及其控制的其他企业，与控股股东、实际控制人及其控制的其他企业间不存在对本企业（发行人）构成重大不利影响的同业竞争。

当发行人的业务与控股股东、实际控制人及其控制的其他企业的业务相似甚至相同时，就构成了间接或直接的同业竞争。各板块对同业竞争有不同的规范要求：

（1）主板、科创板、创业板对同业竞争的规范要求。根据《首次公开发行股票注册管理办法》，发行人的业务必须独立，与控股股东、实际控制人及其控制的其他企业间不存在对本企业（发行人）构成重大不利影响的同业竞争。

（2）北交所对同业竞争的规范要求。根据《公开发行证券的公司信息披露内容与格式准则第46号——北京证券交易所公司招股说明书》，发行人应披露是否存在于控股股东、实际控制人及其控制的其他企业从事相同、相似业务的情况。如存在，应对是否对发行人构成重大不利影响的同业竞争作出解释，并说明发行人防范利益输送、利益冲突和保持独立性的具体措施。

（3）新三板对同业竞争的规范要求。根据《全国中小企业股份转让系统公开转让说明书内容与格式指引（试行）》，申请挂牌的企业应披露是否存在与控股股东、实际控制人及其控制的其他企业从事相同、相似业务的情况。对存在的，应对是否存在同业竞争作出解释。

通过上述对业务独立性的阐述可知，企业必须明确自身的核心业务和竞争优势，不断加强研发和创新，提高产品和服务的市场竞争力，这是最大限度确保业务独立性的终极方法。同时，企业应加强与客户的合作和沟通，建立稳定的客户关系和市场渠道，及时根据行业趋势和竞争态势调整和优化业务战略，来应对市场的变化和挑战。

综上所述，企业 IPO 的五项独立性是企业成功登录资本市场、实现持续健康发展的重要保障。企业应全面加强这五个方面的建设和管理，确保各项独立性的有效实现，为企业的未来发展奠定坚实的基础。

企业IPO的股份制改造

依法将有限责任公司变更为股份有限公司的行为，称为整体变更；其他类型的企业按照《中华人民共和国公司法》等法律的规定，改造为股份有限公司的行为，称为股份制改造，简称“股改”。企业将部分资产进行重组的，原企业仍然保留，称为部分改制；企业将全部资产进行重组的，称为整体改制。

理论上，整体变更、股份制改造、部分改制、整体改制，是从小到大的被包含关系。实践中的企业 IPO 进行的股份制改造系有限责任公司整体变更为股份有限公司的行为，本书所阐述的股份制改造也是指企业的整体变更（见表 2–1）。

表2–1　有限责任公司与股份有限公司的区别

项目	有限责任公司	股份有限公司
公司名字	有限公司或有限责任公司	股份公司或股份有限公司
股东人数	1～50人	非上市公司：2～200人 上市公司：可以大于200人
股东权力	可以查阅公司会计账簿	可以查阅公司财务报告
董事人数	不设立董事会：1人 设立董事会：3～13人	必须设立董事会：5～19人
监事人数	不设立监事会：1人 设立监事会：3人以上	必须设立监事会：3人以上
分红	可以通过章程自由约定	需要保证同股同权
股东会/股东大会	法律未强制召开频率	每年至少召开一次
董事会	法律未强制召开频率	每年至少召开两次
监事会	每年至少召开一次	每6个月至少召开一次
股权转让	股东之间可以自由转让股权，对外转让需要其他股东过半数通过	除了法律法规相关的股份限售要求外，股份自由转让

企业上市前，必须进行股份制改造。发行人启动股改之前，需要完成注册资本实缴、股权结构调整、财务规范和并购重组等基础工作，并确定2～200名发起人股东、5～19名董事会成员、3名以上监事会成员。

股份制改革的简单程序理解是，发行人聘请会计师事务所与评估机构，分别对企业进行审计与评估，企业内部决议后向市场监督管理局申请变更为股份有限公司。但实际操作中远没有如此简单，因为股改基准日前需要完成并购重组、股权调整、完善公司治理与财务规范等基础工作，因此操作程序通常周期较长（见图2–7）。

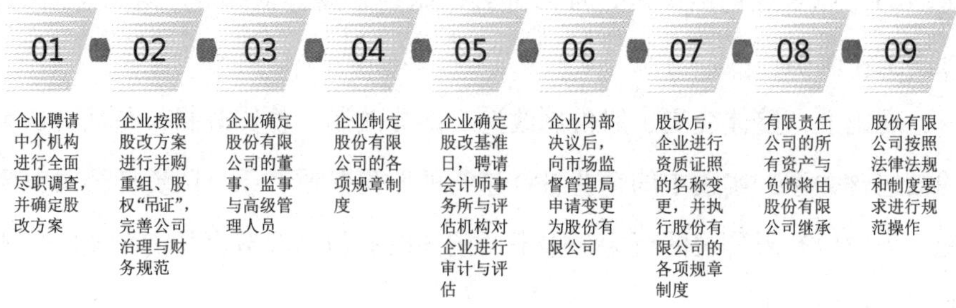

图2–7　股份制改革的常规程序

在股份制改造的过程中，有一些问题是需要格外注意的，通常集中在股改范围的确定、股改基准日的选择、股改净资产基数的明确、股本规模的设计、股权代持与还原。

（1）股改范围。如果发行人的实际控制人控制的企业与发行人存在同业竞争、关联交易，但相似或相关的业务与资产仍需要整体上市，或者发行人与实际控制人合资经营的其他企业，都需要进行合理处理。相似或相关业务的企业的处理方式包括转让给发行人、转让给独立第三方、清算注销等。例如，发行人（芯愿景）以评估值为依据向实际控制人丁柯、蒋卫军和张军收购其持有的天津芯愿景 30% 的股权；2019 年 5 月，发行人将其持有的汉奇科技 51% 的股权分别转让给了胡斌夫妇。

（2）股改基准日。发行人需尽量避免选择年末作为股改基准日，因为在发现前期会计差错时，必须进行追溯调整，而这势必会影响股改基准日的净资产金额。因此，一般股改基准日都选在月末。例如，发行人（卡尔股份）2009 年 11 月 25 日，由威海永然会计师事务所有限公司出具了《审计报告》，确认截至 2009 年 11 月 24 日，卡尔股份（曾用名北电通讯）经审计的账面净资产为 26947314.64 元人民币。发行人在股改基准日未分配利润为负。

（3）股改净资产基数。当发行人存在子公司时，股改以母公司作为单独的法律主体，因此以发行人母公司经审计（而非评估）的净资产为基数。如发行人的子公司存在亏损，那么母公司的财务报表需考虑是否计提长期股权投资减值准备。例如，发行人（兰卫医学）以兰卫有限经审计的截至 2015 年 5 月 31 日母公司净资产 89972801.9 万元按 1.0109 ： 1 的比例折合股本 8900 万股，整体变更设立股份有限公司。

（4）股本规模。发行人的股本规模通常与盈利情况相匹配，以保证每股收益和股票价格维持在相对合理的水平。因此设计股改后的股权规模通常需要结合下列情况考虑：①部分行业的资质证照存在最低注册资本限制；②根据《关于股权奖励和转增股本个人所得税征管问题的公告》，转增股本需要代扣代缴个人所得税；③主板IPO上市要求“公开发行后，公司股本总额不少于5000万元”，科创板、创业板、北交所IPO上市要求“公开发行后，公司股本总额不少于3000万元”。

（5）股权代持与还原。存在股权代持的发行人，需要根据下列情况选择合适的处理方式：①企业股东人数在股权代持还原后缩减至50人以内，可按实际股东完成工商变更，再进行股改；②企业股东人数在股权代持还原后超过50人但未达到200人，可在获得当地市场监督管理局认可后，在股改的同时直接登记为股东；③企业股东人数在股权代持还原后仍超过200人，可用工商登记的股东作为股份有限公司的发起人，完成股改后报中国证监会非上市公众公司监管部审核。

企业IPO的商业合理性

当上市审核部门发现发行人存在异常时，就会关注企业的商业合理性，目的是挖掘出隐藏的真相。那么什么是商业合理性呢？商业合理性是发行人所有行为的发生、问题的处理与解释，符合行业管理与基本的商业逻辑。

发行人的商业合理性包含很多方面的内容，为了便于阐述，我们将其归纳为三大类，即主体资格、规范运行、财务与会计。

1. 主体资格的商业合理性审核

（1）实际控制人。发行人实际控制人的资金实力、家庭背景、工作经历、在企业的持股比例与任职岗位，是否有签署一致的行动协议等，都是上市审核部门判断实际控制人对企业的掌控能力和企业认定实际控制人合理性的依据。

（2）股东出资来源。发行人股东大额出资来源的合理性，将是上市审核部门重点关注的，具体包括出资人的资金实力、家庭背景、工作经历、筹资能力等。

（3）并购重组。发行人并购重组的合理性，尤其是交易对手的背景、资金实力、交易价格的公允性、交易款项的支付等，是上市审核部门必然关注的。

（4）股权代持。拟上市企业若有股权代持，上市审核部门会关注股权代持及解除的原因、股权代持方的背景、股权代持方与被代持方的关联关系与资金往来等。

（5）股权融资。发行人股权融资的合理性将受上市审核部门的持续关注，具体包括投资者的背景、投资价格、投资后双方合作条款的变化情况等。

例如，发行人（百普赛斯）方的陈宜顶与苗景赟于 2016 年 12 月 12 日签订了《一致行动协议》，发行人认定实际控制人为陈宜顶；2012 年 2 月起至申请 IPO 之日，苗景赟担任发行人的副总经理；2020 年 6 月至申请 IPO 之日，苗景赟担任发行人的董事。发行人需补充披露未认定苗景赟为共同实际控制人的原因和合理性。

再如，发行人在报告期内股东曾存在股权代持行为。发行人需说明：①发行人股东持股核查工作的完备性与代持行为的真实性；②上述代持行为是否存在未披露的利益安排，是否存在商业贿赂；③上述代持安排是否实质上为申报前新增股东的情况，相关信息披露是否真实、准确和完整。

2. 规范运行的商业合理性审核

（1）资金往来。上市审核部门会关注发行人、控股股东、实际控制人、主要关联方、董监高、高级管理人员、关键岗位人员等的资金往来情况、往来的原因与合理性、资金规模与业务匹配性等。

（2）关联交易。发行人关联交易的必要性、决策程序的合规性、交易市场的公允性，将是上市审核部门关注的方向。

（3）同业竞争。发行人若存在同业竞争，则上市审核部门将关注同业竞争期间的利益输送问题与内部控制情况，以及清理同业竞争的真实性。

（4）募投项目。发行人若有募投项目，上市审核部门会关注募投项目是否与发行人的产能、人员、技术储备、管理能力、发展战略等相匹配。

（5）劳务外包。发行人涉及劳务外包的，上市审核部门将关注劳务外包单位的基本情况和与发行人的关联关系，以及劳务外包的必要性、劳务外包价格的公允性等。

例如，发行人在报告期内，与自然人合资成立“H号”，为发行人初加工业务的重要子公司。“H号”及其负责人与客户三方之间存在大额资金往来，部分资金从“H号”流出后通过客户流回“H号”。发行人需说明上述三方之间资金往来的合理性。

再如，发行人需说明，在外协加工方式具有成本优势的情况下，使用募集资金投资石墨材料生产项目的合理性与技术准备的充分性。

3. 财务与会计的商业合理性审核

（1）业绩变动。发行人的业绩变动是否与其历史数据、同行业可比其他企业业绩波动、与经济周期变化的匹配度等，都是上市审核部门关注的。

（2）业务模式。发行人的采购、生产、销售、研发、委托加工等业务模式的合理性，以及是否符合行业管理等问题，都是上市审核部门关注的。

（3）费用列支。上市审核部门不仅会关注发行人的管理费用、销售费用、财务费用，还会关注上述费用的波动与其历史数据、同行业可比其他企业数据的相匹配性，以及相关费用月度之间的变动是否合理。

（4）第三方回款。上市审核部门会关注发行人的第三方回款原因、回款方与发行人的关联关系、第三方回款的内部控制问题等。

（5）其他财务数据。上市审核部门会关注发行人的委托加工、研发支出、现金交易等财务数据的合理性与必要性。

例如，发行人（曹妃甸木业）为其产业园内木材加工企业提供代理采购服务，且应收代理业务代垫款账面价值较大。发行人需说明代理采购合同的主要条款以及开展此类业务的商业合理性。

再如，发行人（征和工业）在报告期内，境内、境外均存在第三方回款的情形，其中境外销售第三方回款占比较高。发行人需结合第三方回款在不同区域销售中的占比及同行业情况，说明存在第三方回款的原因、必要性及商业合理性。

第三章

IPO上市审核的重点关注问题

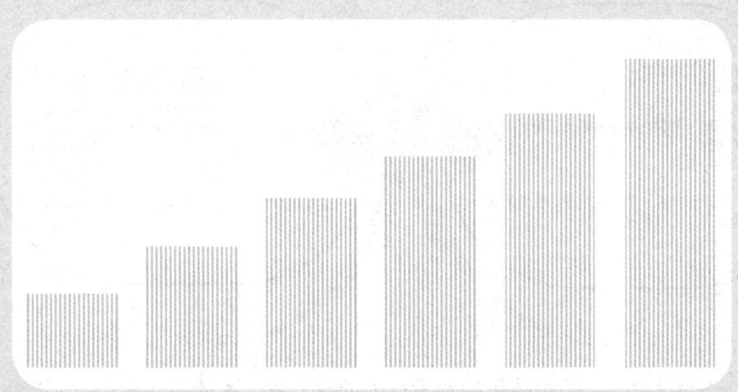

收入成本相关问题

在IPO审核中，收入和成本的确认、计量，以及特定交易的会计处理是监管关注的重中之重。而这部分工作通常由发行人聘请的保荐人代为完成，这就要求保荐人必须根据《证券发行上市保荐业务管理办法》等相关规定，履行上市保荐职责。根据《保荐人尽职调查工作准则》的规定，分别对收入、成本的核查进行准确、完整的操作。

根据近年来IPO审核过程中披露的问询情况，可以分析得出上市审核机构对发行人收入的关注重点和对发行人成本的关注重点（见图3-1）。

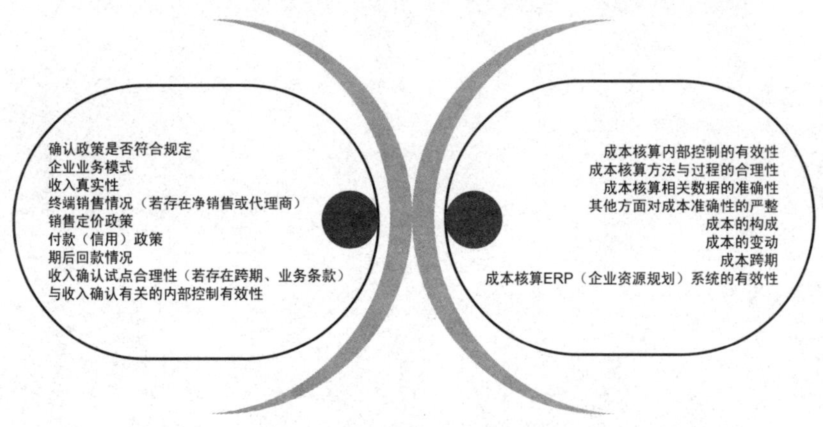

图3-1　上市审核机构对发行人的收入和成本的关注重点

海天水务集团股份公司在报告期内，公司工程业务收入分别为2057.9万元、11705.85万元、4338.99万元。在反馈意见中，上市审核机构要求该公司说明工程施工收入的取得方式、收入确认依据、时点及相关会计处理，BT（建设－移交）项目收入按实际利率法确认相关收入的原因及具体会计处理，相关收入确认是否符合会计准则规定及行业惯例。

只有更清楚地了解保荐人究竟如何尽职调查发行人的销售收入和营业成本，才能更好地应对上市审核机构的问询，下面进行详细介绍：

1. 销售收入

保荐人通过询问会计师，查阅银行存款、应收账款、营业收入及其他相关科目等方法，再结合发行人的业务模式、交易惯例、销售合同关键条款、同行业可比企业收入确认政策等，进行如下核查：

（1）发行人确认收入的具体标准以及实际会计核算中该行业收入确认的一般原则，判断收入确认具体标准是否符合会计准则的要求、与发行人的业务是否匹配、相关内部控制制度是否有效，发行人的收入确认政策及具体标准与同行业可比企业存在较大差异的，核查该差异产生的原因及对发行人的影响。

（2）发行人是否存在为客户提供信贷担保的情况，若存在，核查相关交易的真实性及会计处理的合规性。

（3）发行人是否存在提前或延迟确认收入或虚计收入的情况，是否存在会计期末突击确认收入的情况。

（4）是否存在通过第三方回款的情形。存在第三方回款的，需进一步核查第三方回款的必要性、合理性、可验证性，以及对应收入确认的真实性。

通过抽查期后货币资金大额流出情况等，核查期末收到销售款项是否存在期后不正常流出的情况；分析销售商品、提供劳务收到的现金的增减变化情况是否与发行人销售收入变化情况相符，关注交易产生的经济利益是否真正流入企业。

取得发行人收入的产品构成、地域构成及其变动情况的详细资料，分析收入及其构成变动情况是否符合行业和市场同期的变化情况。发行人收入存在季节性波动或存在强周期波动的，应分析季节性因素或周期性因素对经营成果的影响，并参照同行业可比企业的情况，分析发行人收入的变动情况及其与成本、费用等财务数据之间的配比关系是否合理。

取得发行人主要产品报告期价格变动的资料，了解报告期内的价格变动情况，分析发行人主要产品价格变动的基本规律及其对发行人收入变动的影响；收集市场上相同或相近产品的价格信息和近年的价格走势情况（如有），与发行人产品价格的变动情况进行比较，分析是否存在异常；取得发行人报告期主要产品的销量变化资料，了解报告期内主要产品销售数量的变化情况，分析发行人主要产品销量变动的基本规律及其对发行人收入变动的影响。存在异常变动或重大变动的，应分析并追查原因。必要时可以取得发行人产品的产量、销量、合同订单完成量、价格政策等业务执行数据，来核查与财务确认数据的一致性。

结合发行人的产品构成、价格资料等，了解发行人是否存在异常、偶发或交易标的不具备实物形态（如技术转让合同、技术服务合同、特许权使用合同等）、交易价格明显偏离正常市场价格、交易标的对交易对手而言不具有合理用途的交易，核查这些交易的真实性、公允性、可持续性，以及上述交易相关损益是否应界定为非经常性损益。

关注发行人销售模式、销售区域（如经销商模式、加盟商模式或境外销售收入占比较高等）对其收入确认的影响是否存在异常，可以在合理信赖会计师收入核查工作的基础上，利用实地走访、访谈、合同调查、发询证函等手段核查相应模式下的收入真实性。

发行人的业务主要采取互联网销售或其客户采用互联网销售发行产品（服务）的，结合客户地域分布、活跃度，购买频次和金额、注册时间及购买时间等，核查业务数据的真实性和可靠性；发行人的业务高度依赖信息系统的，应对开展相关业务的信息系统可靠性进行核查，核查信息系统业务数据与财务数据的一致性、匹配性。核查互联网销售的业务流程、信息系统支撑业务开展程度、管理情况和用户数量及交易量级，必要时，在确保外部专家胜任能力和独立性的基础上，可以合理利用外部专家的工作对互联网销售或信息系统的可靠性、有效性进行核查；了解发行人业务运营、信息系统以及数据体量，认为以传统手段开展实质性核查存在覆盖范围等方面的局限性时，应考虑引入信息系统专项核查工作。

2. 营业成本与销售毛利

根据发行人的生产流程，收集相应的业务管理文件，了解发行人生产经营各环节成本核算方法和步骤，核查发行人报告期成本核算的方法是否保持一致。获取报告期营业成本明细表，营业成本分布信息（如有），了解产品单位成本及构成情况，包括直接材料、直接人工、燃料和动力、制造费用等。报告期内主要产品单位成本大幅变动的，应进行因素分析并结合市场和同行业企业情况判断其合理性。

了解发行人主要产品的产能、产量情况，并判断其合理性；分析报告期内发行人主要原材料及单位能源耗用与主要产品的产能、产量、销量是否匹配，报告期内发行人材料、人工费波动情况及合理性。对照发行人的工艺流程、生产周期和在产品历史数据，分析期末在产品余额的合理性，关注期末存货中在产品是否存在余额巨大等异常情况，判断是否存在应转未转成本的情况。

查阅发行人历年产品（服务）成本计算单，计算主要产品（服务）的毛利率、贡献毛利占当期主营业务利润的比重指标，与同类企业数据比较，分析发行人较同行业企业在成本方面的竞争优势或劣势；根据发行人报告期上述数据，分析发行人主要产品的盈利能力，分析单位成本中直接材料、直接人工、燃料及动力、制造费用等成本要素的变动情况，计算发行人产品的主要原材料、动力、燃料的比重，存在单一原材料所占比重较大的，分析其价格的变动趋势，并分析评价可能给发行人销售和利润所带来的重要影响。计算发行人报告期的综合毛利率、分产品（服务）的毛利率、营业利润率等指标，并结合发行人行业及市场变化趋势、产品（服务）的价格和成本因素，分析其报告期内的变化情况以及判断其未来变动趋势，与同行业企业进行比较分析，判断发行人产品（服务）毛利率、营业利润率等是否正常，存在重大异常的应进行多因素分析并进行重点核查。

结合发行人所从事的主营业务、采用的经营模式及行业竞争情况，分析报告期利润的主要来源、可能影响发行人盈利能力持续性和稳定性的主要因素。发行人主要产品的销售价格或主要原材料、燃料价格频繁变动且影响较大的，分析价格变动对利润的影响以及报告期后、招股书签署日前的产品价格、原材料价格变化情况。

资金流水核查问题

在 IPO 审核中，虽然资金流水核查工作量较大，程序也较为烦琐，却是发现财务造假的重要手段。上市审核机构通过对银行流水、异常情况的深入挖掘和分析，可以发现企业存在的风险隐患。

根据《监管规则适用指引——发行类第 5 号》，主要的审核问询应围绕资金流水、异常情况和中介机构意见三个方面展开（见图 3-2）。

从事硫化物研发、生产和销售的益丰股份在报告期内，控股股东及实际控制人控制的其他企业存在大额取现情况，金额分别为 34210.27 万元、30167.13 万元、1312.51 万元，主要用于发放工资薪酬，导致发行人实际控制人账户资金流入和流出金额较大。根据首轮问询回复，保荐人认为发行人资金管理相关内部通知制度不存在较大缺陷。在第二轮问询中，上市审核机构对截至报告期末发行人是否就资金管理建立健全内控措施，针对大额取现和实际控制人的资金流水采取的具体核查措施、核查比例，是否存在与发行人相关的异常资金往来情况进行了追问。

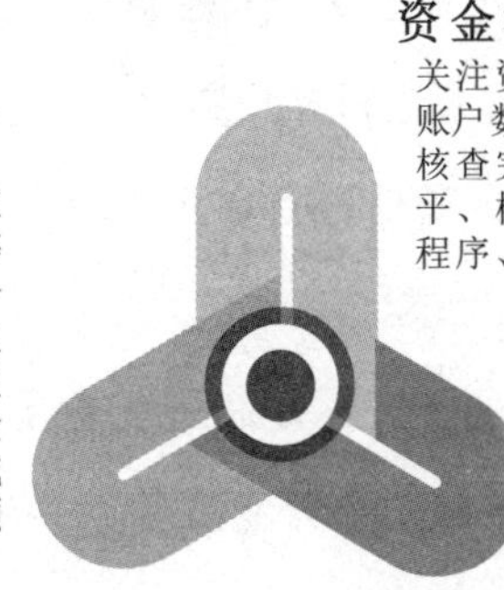

图3–2 上市审核机构对发行人资金流水的关注要点

通过该案例可以看出，保荐人及申报会计师应充分评估发行人所处经营环境、行业类型、业务流程、规范运作水平、主要财务数据水平及变动趋势等因素，来确定发行人相关资金流水核查的具体程序和异常标准，以合理保证发行人财务报表不存在重大错报风险。

发行人及其控股股东、实际控制人、董事、监事、高级管理人员等相关人员应按照诚实信用原则，向中介机构提供完整的银行账户信息，并配合中介机构核查资金流水。

中介机构应勤勉尽责，采用可靠手段获取核查资料，在确定核查范围、实施核查程序方面始终保持应有的职业谨慎。在符合银行账户查询相关法律法规的前提下，结合发行人实际情况，资金流水核查范围除发行人银行账户资金流水以外，还可能包括控股股东、实际控制人、发行人主要关联方、董事、监事、高级管理人员、关键岗位人员等开立或控制的银行账户资金流水，以及与上述银行账户发生异常往来的发行人关联方及员工开立或控制的银行账户资金流水。

保荐人及申报会计师在资金流水核查中，应结合重要性原则和支持核查结论需要，重点核查报告期内发生的以下事项：

（1）发行人资金管理相关内部控制制度是否存在较大缺陷。

（2）是否存在银行账户不受发行人控制或未在发行人财务核算中全面反映的情况，是否存在发行人银行开户数量等与业务需要不符的情况。

（3）发行人大额资金往来是否存在重大异常，是否与企业经营活动、资产购置、对外投资等不相匹配。

（4）发行人与控股股东、实际控制人、董事、监事、高级管理人员、关键岗位人员等是否存在异常大额资金往来。

（5）发行人是否存在大额或频繁取现的情形，是否无合理解释；发行人同一账户或不同账户之间，是否存在金额、日期相近的异常大额资金进出的情形且无合理解释。

（6）发行人是否存在大额购买无实物形态资产或服务（如商标、专利技术、咨询服务等）的情形，如存在，相关交易的商业合理性是否存在疑问。

（7）发行人实际控制人个人账户大额资金往来较多且无合理解释，或者频繁出现大额存现、取现情形。

（8）发行人控股股东、实际控制人、董事、监事、高级管理人员、关键岗位人员是否从发行人处获得大额现金分红款、薪酬或资产转让款，转让发行人股权获得大额股权转让款，主要资金流向或用途存在重大异常。

（9）发行人控股股东、实际控制人、董事、监事、高级管理人员、关键岗位人员与发行人关联方、客户、供应商是否存在异常大额资金往来。

（10）是否存在关联方代发行人收取客户款项或支付供应商款项的情形。

发行人在报告期内存在以下情形的，保荐人及申报会计师应考虑是否需要扩大资金流水核查范围：

（1）发行人备用金、对外付款等资金管理存在重大不规范情形。

（2）发行人毛利率、期间费用率、销售净利率等指标各期存在较大异常变化，或者与同行业企业存在重大不一致。

（3）发行人经销模式占比较高或大幅高于同行业企业，且经销毛利率存在较大异常。

（4）发行人将部分生产环节委托其他方进行加工的，且委托加工费用大幅变动，或者单位成本、毛利率大幅异于同行业。

（5）发行人采购总额中进口占比较高或者销售总额中出口占比较高，且对应的采购单价、销售单价、境外供应商或客户资质存在较大异常。

（6）发行人重大购销交易、对外投资或大额收付款，在商业合理性方面存在疑问。

（7）发行人董事、监事、高级管理人员、关键岗位人员薪酬水平发生重大变化。

（8）其他异常情况。

保荐人及申报会计师应将上述资金流水的核查范围、资金流水核查重要性水平确定方法和依据，异常标准及确定依据、核查程序、核查证据编制形成工作底稿，在核查中受到的限制及所采取的替代措施应一并书面记录。保荐机构及申报会计师还应结合上述资金流水核查情况，就发行人内部控制是否健全有效、是否存在体外资金循环形成销售回款、承担成本费用的情形发表明确核查意见。

内控规范问题

在IPO审核中，内部控制规范是必不可少的一项重要工作，但在具体实践中，很多企业却忽视了这一点，或者不知道从哪里入手来做好企业内控。内控规范的核心是财务规范，只有财务规范了，其他问题才能更容易解决；若财务不规范，则其他问题只会越演越烈。这也是上市审核机构会将关注重点投向发行人财务内控规范上的原因。

根据《监管规则适用指引——发行类第5号》，上市审核机构针对发行人财务规范的审核问询主要围绕在会计基础工作是否规范、相关内部控制是否健全、关联方及资金往来问题。相关问题则具体包括个人卡、体外资金收支、账外收支、票据危险（无真实背景票据融资）、贷款违规、资金占用、第三方回款、现金交易、资金流转、资产减值准备、追溯调整财务内控问题。

北农大在报告期内存在代管客户银行卡，并通过POS机刷卡大额收款的情况，共合计收款4104.77万元。不仅如此，督导还发现，发行人持有的82张代管客户银行卡中，仅有29张能获取银行流水，且其中23张代管卡存在较大比例非客户本人转入资金或者无法识别打款人名称的情形。

九州风神为IPO聘请了中勤万信会计师事务所和中天国富证券（保荐人）。在IPO过程中，上市审核机构发现九州风神部分记账凭证缺乏附件，公司账务电子账套数据未按经审计数进行审计调整和差错更正，共涉及资产负债表科目19个、利润表科目12个，相关中介机构也未及时督导发行人进行审计调整，且会计师出具的审计报表数据和公司电子账户报表数据差异明显达到467页。

六淳科技2018年向深圳六淳拆入719.5万元，偿还4388.95万元，支付资金占用费110.18万元；2019年向深圳六淳拆出612.2万元，收回711.35万元，支付资金占用费12.06万元。不仅如此，六淳科技还与其实际控制人之间存在较多的资金拆借。审核问询便关注该公司与关联方深圳六淳、实际控制人之间的资金拆借的具体情况，包括相关资金用途、归还情况、计息公允性等。

通过以上案例的阐述，可以看到企业财务内控可能涉及的问题通常为三个方面，即会计基础工作是否规范、相关内部控制制度是否健全且有效运行、关联方及资金往来是否存在问题。

发行人申请上市成为公众公司，需要建立、完善并严格实施相关财务内部控制制度，以保护中小投资者的合法权益，在财务内控方面存在不规范情形的，应通过中介机构上市辅导完成整改（如收回资金、结束不当行为等措施）和建立健全相关内控制度，从而在内控制度上禁止相关不规范情形的持续发生。

部分发行人在提交申报材料的审计截止日前存在财务内控不规范情形，具体如下：

（1）无真实业务支持情况下，通过供应商等取得银行贷款或为客户提供银行贷款资金走账通道（即“转贷”行为）。

（2）向关联方或供应商开具无真实交易背景的商业票据，通过票据贴现获取银行融资。

（3）与关联方或第三方直接进行资金拆借。

（4）频繁通过关联方或第三方收付款项，金额较大且缺乏商业合理性。

（5）利用个人账户对外收付款项。

（6）出借企业账户为他人收付款项。

（7）违反内部资金管理规定对外支付大额款项、大额现金收支、挪用资金。

（8）被关联方以借款、代偿债务、代垫款项或者其他方式占用资金。

（9）存在账外账。

（10）在销售、采购、研发、存货管理等重要业务循环中存在内控重大缺陷。

发行人存在上述情形的，中介机构必须考虑其是否影响财务内控健全有效。首次申报审计截止日后，发行人原则上不能存在上述内控不规范和不能有效执行的情形。

发行人确有特殊客观原因，认为不属于财务内控不规范情形的，需提供充分合理性证据，如外销业务因外汇管制等原因确有必要通过关联方或第三方代收货款，且不存在审计范围受到限制的情形；连续 12 个月内银行贷款受托支付累计金额与相关采购或销售（同一交易对手或同一业务）累计金额基本一致或匹配等；与参股企业（非受实际控制人控制）的其他股东同比例提供资金。

为确保对发行人财务内控规范的审核能够规范进行，法律法规对其进行了详细的核查要求，具体如下：

（1）中介机构应根据有关情形发生的原因及性质、时间及频率、金额及比例等因素，综合判断是否对内控制度有效性构成重大不利影响。

（2）中介机构应对发行人有关行为违反法律法规、规章制度情况进行认定，判断是否属于舞弊行为，是否构成重大违法违规，是否存在被处罚情形或风险，是否满足相关发行条件。

（3）中介机构应对发行人有关行为进行完整核查，验证相关资金来源或去向，充分关注相关会计核算是否真实、准确，与相关方资金往来的实际流向和使用情况，判断是否通过体外资金循环粉饰业绩或虚构业绩。

（4）中介机构应关注发行人是否已通过收回资金、纠正不当行为、改进制度、加强内控等方式积极整改，是否已针对性建立内控制度并有效执行，且未发生新的不合规行为；有关行为是否存在后续影响，是否存在重大风险隐患。发行人已完成整改的，中介机构应结合对此前不规范情形的轻重或影响程度的判断，全面核查、测试，说明测试样本量是否足够支撑其意见，并确认发行人整改后的内控制度是否已合理、正常运行并持续有效，不存在影响发行条件的情形。

（5）中介机构应关注发行人的财务内控是否持续符合规范要求，是否能够合理保证企业运行效率、合法合规和财务报告的可靠性，并不影响发行条件及信息披露质量。

此外，发行人还应根据重要性原则，充分披露报告期内的财务内控不规范行为，如相关交易形成原因、资金流向和用途、违反有关法律法规具体情况及后果、后续可能影响的承担机制，并结合财务内控重大缺陷的认定标准披露有关行为是否构成重大缺陷、整改措施、相关内控建立及运行情况等。

持续盈利能力问题

2020 年 3 月 1 日起正式实施的《中华人民共和国证券法》（2019 年修订）中，第十二条第（二）款明确规定，发行人首次公开发行新股应符合“具有持续经营能力”的条件。对比此款法条之前“具有持续盈利能力，财务状况良好”的描述，修订后更为简洁，虽然看似范围更加宽泛了，但实则要求得更具深度了。

将发行人持续盈利能力建立在持续经营能力之上，也让经营者对企业的经营要求放在更宽的层面上理解。因此，对于发行人持续盈利能力的审核重点主要围绕在根基因素、宏观因素、行业因素和自身因素方面（见图3–3）。

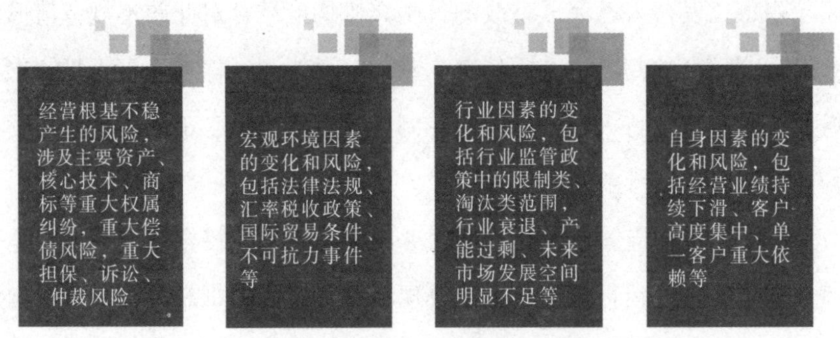

图3–3　上市审核机构对发行人持续盈利能力的关注要点

深圳兴禾自动化股份有限公司 2018 年、2019 年、2020 年、2021 年上半年分别实现了营业收入 6.4 亿元、7.05 亿元、5.34 亿元、1.74 亿元，对应净利润分别为 1.77 亿元、2.34 亿元、1.12 亿元、2008.43 万元。很明显，该发行人自 2020 年起收入整体下滑，主要系苹果产业链贡献的收入金额大幅下滑所致。就上述情况，深交所要求该发行人说明涉及苹果产业链收入及在手订单大幅减少的原因，以及与同行业可比企业公司变动情况不一致的原因，并还要说明其下滑趋势是否将持续，是否对持续经营构成重大不利影响。

结合上面案例呈现的问题，再根据《监管规则使用指引——发行类第 5 号》的相关规定，将上市审核机构对发行人持续盈利能力的关注要点中的行业因素和自身因素进行拓展。

发行人因行业因素影响存在重大不利变化风险，例如：

（1）发行人所处行业被列为行业监管政策中的限制类、淘汰类范围，或行业监管政策发生重大变化，导致发行人不满足监管要求。

（2）发行人所处行业出现周期性衰退、产能过剩、市场容量骤减、增长停滞等情况。

（3）发行人所处行业准入门槛低、竞争激烈，导致市场占有率下滑。

（4）发行人所处行业上下游供求关系发生重大变化，导致原材料采购价格或产品售价出现重大不利变化。

发行人因自身因素影响存在重大不利变化风险，例如：

（1）发行人重要客户或供应商发生重大不利变化，进而对发行人业务稳定性和持续性产生重大不利影响。

（2）发行人由于工艺过时、产品落后、技术更迭、研发失败等原因导致市场占有率持续下降，主要资产价值大幅下跌、主要业务大幅萎缩。

（3）发行人多项业务数据和财务指标呈现恶化趋势，由盈利转为重大亏损，且短期内没有好转迹象。

（4）发行人营运资金不能覆盖持续经营期间，或营运资金不能够满足日常经营、偿还借款等需要。

此外，资产完整性、团队稳定性和股份权属清晰性，也是影响发行人持续盈利能力的重要因素，根据《首次公开发行股票注册管理办法》的相关规定，发行人必须具备业务完整，且有直接面向市场独立持续经营的能力。

资产完整，业务及人员、财务、机构独立，与控股股东、实际控制人及其控制的其他企业间不存在对发行人构成重大不利影响的同业竞争，不存在严重影响独立性或者显失公平的关联交易。

主营业务、控制权和管理团队稳定，首次公开发行股票并在主板上市的，最近 3 年内主营业务和董事、高级管理人员均没有发生重大不利变化；首次公开发行股票并在科创板、创业板上市的，最近 2 年内主营业务和董事、高级管理人员均没有发生重大不利变化；首次公开发行股票并在科创板上市的，核心技术人员应当稳定且最近2年内没有发生重大不利变化。

发行人的股份权属清晰，不存在导致控制权可能变更的重大权属纠纷，首次公开发行股票并在主板上市的，最近3年实际控制人没有发生变更；首次公开发行股票并在科创板、创业板上市的，最近四年实际控制人没有发生变更。

保荐人及申报会计师应详细分析和评估上述因素的具体情形、影响程度和预期结果，并综合判断上述因素是否对发行人持续经营能力构成重大不利影响，审慎发表明确意见，并督促发行人充分披露可能影响持续经营的风险因素。

同业竞争与关联交易问题

同业竞争是指发行人与控股股东、实际控制人及其控制的其他企业存在主营业务相同或相似，且与发行人构成竞争的情形。

关联交易是指上市企业或其控股子公司与上市企业关联人之间发生的转移资源或义务的事项。关联关系的界定主要关注是否可能导致发行人利益转移，而不仅限于是否存在股权关系、人事关系、管理关系、商业利益关系等。

同业竞争和关联交易都可能因为发行人与竞争方之间存在利益输送，出现发行人与竞争者之间相互或单方让渡商业机会的情形，导致发行人与竞争方之间的非公平竞争。因此，同业竞争和关联交易始终是上市审核机构关注的重点，因为两者不仅会影响信息披露的完整性，还会涉及利益输送、粉饰报表、体外资金循环等一系列问题，对发行人独立经营和盈利能力造成不利影响。

按照相关规定的要求，上市审核机构会概括性问询是否存在对发行人构成重大不利影响的同业竞争，是否存在严重影响发行人独立性或者显失公平的关联交易（见图 3–4）。

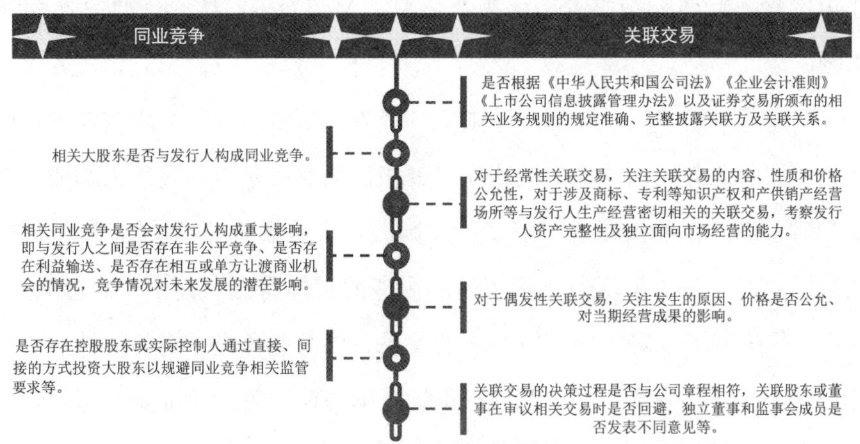

图3–4 上市审核机构对发行人的同业竞争和关联交易的关注要点

结合独立性、关联交易，问询或要求发行人就某一种或多种涉及同业竞争的特定情形、具体的关联方认定及关联交易事项进行说明。

问询是否存在规避同业竞争、关联交易非关联化的情形，是否存在违反避免同业竞争、规范关联交易承诺的情形。非关联化后发行人与关联方的后续交易情况以及相关资产、人员的去向。

问询是否对已经存在或可能存在的同业竞争、关联交易制定具体解决措施，以及解决措施是否充分，拟采取的减少关联交易的措施是否有效可行；问询是否存在潜在的同业竞争及关联交易情形。

发行人 D 公司的申报材料显示，其董事、监事、高级管理人员及其亲属控制或施加重大影响的其他企业共计 19 家。发行人的关联方中存在相同或相似业务的企业和发行人实际控制人及其一致行动人亲属投资的企业共计 9 家，其中 3 家未实际开展经营。上市审核机构要求发行人补充披露前述9家与发行人从事相同或相似业务的关联方的情况，说明相关企业与发行人相同或相似业务报告期内营业收入、毛利的具体情况及占发行人主营业务收入或毛利的比例；并补充说明发行人与控股股东、实际控制人及其关系密切人员所控制或投资的企业在资产、人员、技术、经营场所、知识产权、财务管理等方面的重合情况，是否对发行人独立性产生重大影响。

同业竞争的“同业”判断原则是，竞争方从事与发行人主营业务相同或者相似的业务。核查认定该相同或者相似的业务是否与发行人构成“竞争”时，应当按照实质重于形式的原则，结合相关企业历史沿革、资产、人员、主营业务（包括但不限于产品服务的具体特点、技术、商标商号、客户、供应商等）等方面与发行人的关系，以及业务是否有替代性、竞争性、是否有利益冲突、是否在同一市场范围内销售等，论证是否与发行人构成竞争；不能简单以产品销售地域不同、产品的档次不同等认定不构成同业竞争。竞争方的同类收入或者毛利占发行人主营业务收入或者毛利的比例达30%以上的，如无充分相反证据，原则上应当认定为构成重大不利影响的同业竞争。

对于控股股东、实际控制人控制的与发行人从事相同或者相似业务的企业，发行人还应当结合目前自身业务和关联方业务的经营情况、未来发展战略等，在招股说明书中披露未来对于相关资产、业务的安排，以及避免上市后出现构成重大不利影响的同业竞争的措施。

中介机构的核查范围应针对发行人控股股东、实际控制人及其近亲属全资或者控股的企业进行核查。

如果发行人控股股东、实际控制人是自然人，其配偶及夫妻双方的父母、子女控制的企业与发行人存在竞争关系的，应当认定为构成同业竞争。

发行人控股股东、实际控制人的其他亲属及其控制的企业与发行人存在竞争关系的，应当充分披露相关企业在历史沿革、资产、人员、业务、技术、财务等方面对发行人独立性的影响，报告期内交易或者资金往来，销售渠道、主要客户及供应商重叠等情况，以及发行人未来有无收购安排。

由此可见，正确判断发行人是否涉及同业竞争与关联交易，虽然是保荐人的责任，但发行人也需要清楚知道哪些交易行为产生了同业竞争与关联交易，并做出及时披露与说明。同时，保荐人也应及时介入，帮助发行人彻底核查清楚存在同业竞争和关联交易的交易行为，并做出正确的修正。

发行人如存在与其控股股东、实际控制人、董事、监事、高级管理人员及其亲属直接或者间接共同设立公司的情形，发行人及中介机构应主要披露及核查以下事项：

（1）发行人应披露相关公司的基本情况，包括但不限于公司名称、成立时间、注册资本、住所、经营范围、股权结构、最近1年又一期主要财务数据及简要历史沿革。

（2）中介机构应核查发行人与上述主体共同设立公司的背景、原因和必要性，说明发行人出资是否合法合规、出资价格是否公允。

（3）如发行人与共同设立的公司存在业务或资金往来的，还应披露相关交易的交易内容、交易金额、交易背景以及相关交易与发行人主营业务之间的关系。中介机构应核查相关交易的真实性、合法性、必要性、合理性及公允性，是否存在损害发行人利益的行为。

（4）如共同设立的公司共同投资方为董事、高级管理人员及其近亲属，中介机构应核查说明共同设立的公司是否符合《中华人民共和国公司法》相关规定，即董事、高级管理人员未经股东会或者股东大会同意，不得利用职务便利为自己或者他人谋取属于发行人的商业机会，自营或者为他人经营与所任职企业同类的业务。

第四章 沪深主板：大型蓝筹企业的主战场

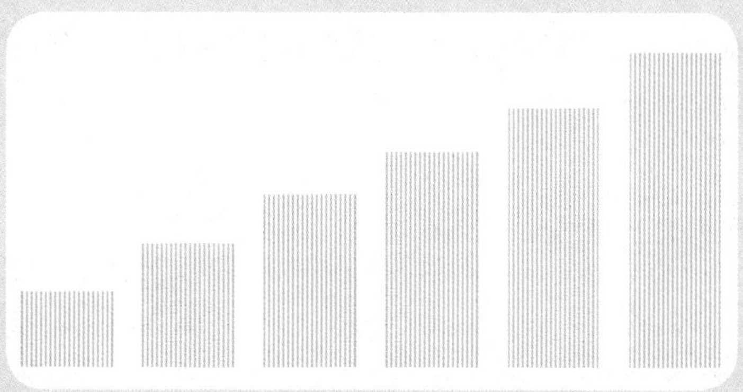

企业上市准备

2019 年 7 月 22 日，科创板首批 25 家企业在上交所上市，拉开了中国资本市场注册制的大幕。两年后，创业板、新三板相继实行注册制，然后北交所开市。

2021 年 4 月 6 日，经中国证监会批准，主板与中小板正式合并，上交所的结构是“主板 + 科创板”，深交所的结构是“主板 + 创业板”。上交所、深交所与北交所和新三板共同组成了场内交易，其他的则统称为场外交易。

注册制是完全市场化的，发行申请人依法将与证券发行有关的一切信息和资料公开，形成法律文件，送交主管机构审查，主管机构只负责审查发行申请提供的信息和资料是否履行了信息披露义务，因此发行效率很高（见图 4–1）。

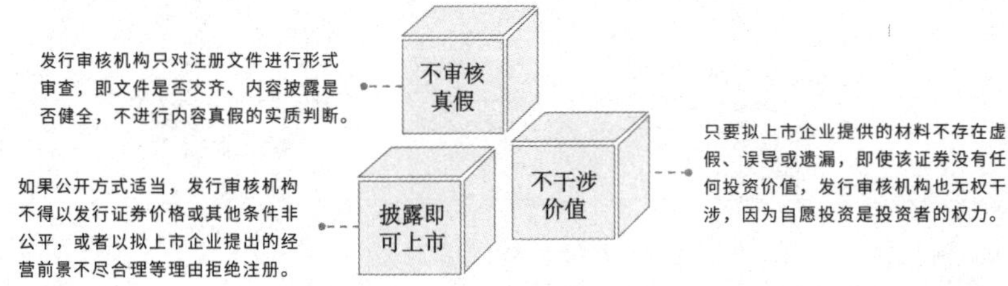

图4–1　注册制下上市审核机构的审核范围

当企业经过反复严格的上市论证后决定上市，就要进行上市规划，第一步就是做好上市准备。企业最高负责人（通常为董事长），既是企业日常经营的统筹者，也是企业上市的决策者。董事会秘书则是企业上市的先行官，是IPO统筹工作的执行者。因此，只有这两类人首先做好上市的准备工作，整个企业的上市工作才能顺利展开。

1. 董事长必须考虑的事情

因为企业所处行业、经营模式、业务范围与规模、管理模式和发展状况等各不相同，因此各发行人的最高负责人需要考虑的事情也不尽相同，无法具体到每一个点。虽然如此，但有一些必须考虑的方面是共同的，下面就将共同的部分列出来，未能列出来的部分还请结合具体状况，并在专业人士的指导下进行。

（1）分析上市与不上市对企业的利弊，需要得出具体结论。

（2）企业的产权关系是否清晰？股权结构是否合理？企业关键人是否稳定？等等。

（3）上市选择境内或者境外？上市应选择的板块。

（4）预计上市的时间，估算上市所需费用（含机会成本）。

（5）成立上市筹备工作组，确定董事会秘书人选，聘请合适的中介机构。

（6）尽可能考虑不确定性因素，以及可行的应对措施。

（7）募集资金规模，募投项目确认，盈利预测与风险评估。

（8）上市环境与政策导向。

2. 董事会秘书该做的事情

《中华人民共和国公司法》第一百二十三条规定，上市企业设董事会秘书，负责企业股东大会和董事会会议的筹备、文件保管以及企业股东资料的管理，办理信息披露事务等。

董事会秘书一般由董事长提名，经董事会聘任或解聘，对董事会负责。因为董事会秘书代表发行人，是企业上市前融资、上市运作的具体执行者，所以其专业素质将直接影响企业上市工作的走向与成败。具体工作包括但不限于选择中介机构、企业股份制改组、上市申请材料制作、报批主管机关IPO申请与接受审核、配合中介机构进场协同、注册与发行上市等。

发行人的董事会秘书在上市运作的全过程中，必须以上市企业董事会秘书的工作标准和要求来规范自己，在必要时要接受专业培训，来为企业拟定上市规划并上报企业决策层审议通过后操作实施。

3. 设立上市筹备工作组

企业上市一般由董事长挂帅，CEO具体负责，财务总监参与，成立上市筹备工作组，全面负责上市工作，并由董事会秘书具体执行上市计划。

发行人的上市筹备工作组主要成员包括但不限于分管领导、办公室、财务部门、法律部门、生产部门、市场部门（或销售部门）、技术研发部门、后勤保障部门等负责人。董事会秘书负责召集与协调上市筹备工作组各成员之间的互相配合、协同作战。

上市筹备工作组的主要工作有：

（1）分管领导、办公室与董事会秘书负责协调企业与地方有关政府部门、行业主管部门、中国证监会派出机构的关系，并做好投资者关系管理工作。

（2）董事会秘书组织完成各类上市相关事宜的董事会决议、股东大会决议，申报主管机关文件，为券商准备上市申报相关材料等。

（3）财务部门配合会计师与评估师对企业进行财务审计、资产评估等工作。

（4）法律部门处理上市有关法律事务，如编写改制协议、公司章程、各类上市文件等。

（5）生产部门、市场部门、技术研发部门负责募投项目的立项报批工作、提供项目的可行性研究报告等。

主板上市条件

主板上市是企业发展的重要里程碑，也是资本市场规范化的重要体现。近年来，随着我国资本市场法律法规的不断完善，主板上市条件也日益严格和明确。最新的法律法规主要包括《中华人民共和国公司法》《中华人民共和国证券法》《首次公开发行股票并上市管理办法》等，这些法律法规为企业的主板上市提供了明确的法律依据和规范要求。

在这些法律法规的指导下，证券交易所和证券监管机构出台了一系列具体的上市规则和审核标准，进一步细化了主板上市的条件和要求。结合时代发展的需要，法律法规的细则也在与时俱进地修改，以符合经济发展的具体体现，既保护了投资者的利益，也保证了企业的健康发展，更维护了资本市场的稳定。

主板上市的企业必须满足一些基本要求。这些要求包括但不限于：企业必须是依法设立的股份有限公司，具有完整的法人治理结构；企业的主营业务必须符合国家产业政策和环保要求，并具有持续经营能力和盈利能力；企业不得存在重大违法违规行为，如欺诈发行、虚假陈述等。还需要满足一定的资产规模、经营年限等要求。具体可以从发行人的主体资格和财务状况标准两个方面审核。

1. 主体资格

（1）主体类型：依法设立并存续的股份有限公司。

（2）经营年限：连续经营 3 年以上。

（3）主营业务：最近 3 年内没有发生重大变化。

（4）董事、高级管理人员：最近 3 年内没有发生重大变化。

（5）实际控制人：最近 3 年内没有发生变更。

2. 财务与会计

（1）净利润：最近 3 个会计年度净利润为正，且净利润累计不低于 2 亿元，最近 1 年净利润不低于 1 亿元（最好可以留出 50% 的安全垫）。

（2）现金流量 + 营业收入：最近 3 个会计年度经营活动产生的现金流量净额累计不低于 2 亿元或者营业收入累计不低于 15 亿元。

（3）市值 + 营业收入：市值不低于 100 亿元，最近 1 年净利润为正，最近 1 年营业收入不低于 10 亿元。

（4）股本总额：发行前股本总额不低于 5000 万元。

（5）市值 + 收入 + 现金流量：预计市值不低于 50 亿元，最近 1 年净利润为正，且最近 1 年营业收入不低于 6 亿元，最近 3 年经营活动产生的现金流量净额累计不低于 1.5 亿元。

（6）资产：期末无形资产（扣除土地使用权、养殖权、矿业权等）占净资产的比例不高于 20%。

（7）其他：最近期末不存在未弥补亏损。

根据研究，过去几年各板块 IPO 业绩门槛至少要留出 50% 的安全垫，也就是上市企业的平均净利润最低要为法定门槛的 2 倍——主板最后 1 年利润 2 亿元以上、创业板最后 1 年利润 1 亿元以上、科创板最后 1 年利润 6000 万元以上、北交所最后 1 年利润 5000 万元以上。

发行人的财务状况是主板上市的重要考量因素之一。企业需要具备良好的财务状况，只有盈利能力、偿债能力、运营效率都符合要求，才能实现上市。随着资本市场的不断发展和完善，主板上市条件也将继续得到优化和提升。

因此，拟在主板上市的企业需要严格遵守相关法律法规和上市规则的要求，以确保合规经营。未来，主板上市将更加注重企业的质量和创新能力，并会加强对企业的监管和风险控制。对于有志于主板上市的企业而言，需要不断提高自身实力和管理水平，加强信息披露和合规经营，以适应日益严格的上市条件和监管要求。

企业股份制改组

根据《首次公开发行股票并上市管理办法》，发行人应是依法设立且合法存续的股份有限公司。发行人自股份有限公司成立后，持续经营时间至少为 3 年。但如果有限责任公司是按原账面净资产值折股的，整体变更为股份有限公司后，持续经营时间从有限责任公司成立之日起计算。

根据《中华人民共和国公司法》，设立股份有限公司应具备 6 项必要条件：①发起人符合法定人数；②有符合公司章程规定的全体发起人认购的股本总额或者募集实收股本总额；③股份发行、筹办事项符合法律规定；④发起人制定公司章程，采用募集方式设立的经创立大会通过；⑤有公司名称，建立符合股份有限公司要求的组织机构；⑥有公司住所。

由股份有限公司发起人承担公司筹办事务，且《公司法》第七十七条有明确规定，股份有限公司的设立有两种方式：一种是发起设立，另一种是募集设立。

发起设立是由发起人认购股份有限公司应发行的全部股份而设立公司。注册资本为在工商登记机关登记的全体发起人认购的股本总额，且在发起人认购的股份缴足前，不得向他人募集股份。

发起设立股份有限公司一般包括以下 5 个步骤：

（1）确立发起人，签订发起人协议。自然人、法人都可以作为发起人，签订发起人协议以确定设立股份有限公司的总体方案，并明确各方拟认购的股份数额和应承担的责任。

（2）申请与报批。签订设立股份有限公司的发起人协议后，先向工商行政管理部门提出企业名称预先核准的申请，再向国务院授权部门或省级人民政府提出设立股份有限公司和发行股票的申请。

（3）发起人出资。发起人以货币财产的形式缴付全部股款，用以认购公司章程规定发行的股份。若以实物、工业产权、非专利技术或土地使用权抵作股款的，应依法办理财产权转移手续。

（4）正式创立。发起人在缴付全部股款后，召开全体发起人大会，选举董事会和监事会成员，并通过公司章程草案。

（5）工商登记。由新创立的股份有限公司董事会向工商登记机关报送设立股份有限公司的批准文件、公司章程、验资报告等文件，申请正式成立股份有限公司，经批准后，股份有限公司需进行公告。

募集设立是由发起人认购股份有限公司应发行股份的一部分，其余股份向社会公开募集或向特定对象募集而设立公司。注册资本为工商登记机关登记的实收股本总额。法律法规以及国务院决定对股份有限公司注册资本实缴、注册资本最低限额另有规定的，从其规定。

募集设立股份有限公司一般包括以下10个步骤：

（1）发起人签订发起人协议，明确各自在股份有限公司设立过程中的权利与义务。

（2）发起人制定公司章程。

（3）发起人认购股份总额不得少于公司股份总数的35%，法律法规另有规定，从其规定。

（4）发起人公告招股说明书，并制作认股书，向社会公开募集股份。

（5）发起人与依法设立的证券公司签订承销协议，并由证券公司承销。

（6）发起人同银行签订代收股款协议。

（7）发行股份的股款缴足后，经依法设立的验资机构验资并出具证明。

（8）发起人应在股款缴足之日起 30 日内主持召开公司创立大会。

（9）股份有限公司董事应于创立大会结束后 30 日内申请设立并登记。

（10）股份有限公司董事会应于创立大会结束后 30 日内，向工商登记机关报送相关文件，申请设立登记（见图 4–2）。

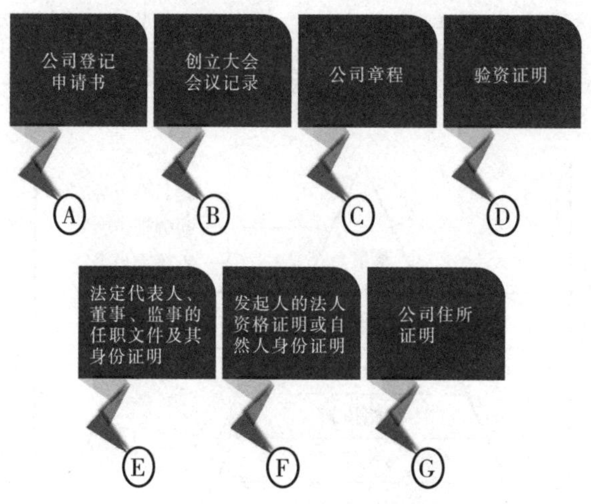

图4–2　董事会向工商登记机关报送的文件

无论是发起设立，还是募集设立的股份有限公司，若在成立之后，某一个或几个发起人未按照公司章程的规定缴足出资，应进行补缴，其他发起人承担连带责任。若发现作为设立公司出资的非货币财产的实际价额显著低于公司章程所定价额，应由交付该出资的发起人补足差额，其他发起人承担连带责任。

股改后的规范运作

要想深度理解企业股份制改组后如何进行规范运作，就必须先了解上市前的公司治理结构与上市后的公司治理结构。

上市前的公司治理结构是由上至下的控制，并配合内部审计与外部审计进行的风险管理（见图 4–3）。上市后的公司治理结构则更为清晰，主要围绕权力机制、决策机制、执行机制与监督机制运作（见图 4–4）。

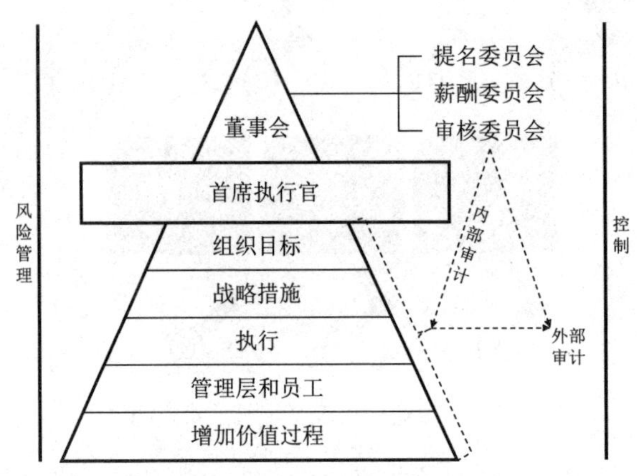

图4–3　上市前的公司治理结构

上市后的企业组织体系，是以股东大会为企业根本，董事会为管理核心，监事会为监督核心，总经理为具体执行的三层架构。狭义的三会一层是指企业内部股东、董事、监事及经理层之间的关系；广义的三会一层还包括企业的利益相关者，如员工、客户、社会公众等之间的关系。

图4-4　上市后的公司治理结构

发行人依法建立健全股东大会、董事会、监事会，并设立独立董事、董事会秘书制度，且董事、监事和高级管理人员都能充分了解与上市相关的法律法规，知悉上市所必需的法定义务与责任。在这个基础上，发行人的董事、监事和高级管理人员必须符合法律法规所规定的任职资格，有下列情形的人不得担任发行人与上市企业的董事、监事和高级管理人员：

（1）被中国证监会采取证券市场禁入措施，且尚在禁入期的。

（2）最近 36 个月内受到中国证监会行政处罚或者最近 12 个月内受到证券交易所公开谴责的。

（3）因涉嫌犯罪被司法机关立案侦查或者涉嫌违法违规被中国证监会立案调查，尚未有明确结论意见的。

同时，发行人的内部控制也需健全，且被有效执行，要能起到保证财务报告可靠性、生产经营合法性和运营过程效率性的作用，这就要求发行人不得存在下列情形：

（1）最近 36 个月内未经法定机关核准，擅自公开或变相公开发行过证券；或者有关违法行为虽然发生在 36 个月前，但目前仍处于持续状态。

（2）最近36个月内违反工商、税务、土地、环保、海关以及其他法律法规，受到行政处罚，且情节严重。

（3）最近36个月内曾向中国证监会提出发行申请，但报送的发行申请文件有虚假记载、存在误导性陈述或重大遗漏；或者不符合发行条件，以欺骗手段骗取发行核准；或者以不正当手段干扰中国证监会及其发行审核委员会的审核工作；或者伪造、变造发行人或其董事、监事、高级管理人员的签字、盖章。

（4）本次报送的发行申请文件有虚假记载、存在误导性陈述或重大遗漏。

（5）涉嫌犯罪被司法机关立案侦查，尚未有明确结论意见。

（6）严重损害投资者合法权益和社会公共利益的其他情形。

此外，发行人必须保证资产质量良好，资产负债结构合理，盈利能力合理，现金流正常。这就要求发行人的会计基础工作必须规范，财务报表的编制符合《企业会计准则》和相关会计制度的规定，并由注册会计师出具无保留意见的审计报告。

还需强调一点，发行人必须有严格的资金管理制度，不得有资金被控股股东、实际控制人及其控制的其他企业借款、代偿债务、代垫款项或其他方式占用的情形。

上市辅导

只要企业在谋求上市，就必然会面临一些内部或外部的问题。因此，要想实现顺利上市，就需要上市辅导。上市辅导的好与坏，直接决定了解决问题的推进程度与企业上市的速度。好的保荐人通常具有充足的经验和极强的实践能力，对于发行人当下存在的问题和后期可能遇到的问题都会在辅导的过程中予以解决和规避。

保荐人在推荐发行人首次公开发行股票并上市前，应当对发行人进行辅导，对发行人的董事、监事和高级管理人员、持有 5% 以上股份的股东和实际控制人（或其法定代表人）进行系统的法规知识、证券市场知识培训，使其全面掌握发行上市、规范运作等方面的有关法律法规和规则，知悉信息披露和履行承诺等方面的责任和义务，树立进入证券市场的诚信意识、自律意识和法制意识。

保荐人辅导工作完成后，应由发行人所在地的中国证监会派出机构进行辅导验收。发行人所在地在境外的，应当由发行人境内主营业地或境内证券事务机构所在地的中国证监会派出机构进行辅导验收。

上市辅导的核心是督促发行人按照有关规定建立符合现代企业制度要求的公司治理基础。

（1）核查发行人在设立、改制重组、股权设置和转让、增资扩股、资产评估、资本验证等方面是否合法、有效，产权关系是否明晰，股权结构是否符合有关规定。

（2）督促发行人规范与控股股东、实际控制人及其他关联方的关系。

（3）督促发行人实现独立运营，做到机构、业务、资产、人员、财务的独立完整，主营业务突出。

（4）督促发行人建立健全财务会计管理体系，制定完善规范的内部决策和控制制度，形成有效的财务、投资及内部约束与激励制度。

（5）督促发行人形成明确的业务目标和发展计划，制订可行的募股资金投向及其他投资项目的规划。

（6）对发行人是否达到发行上市条件进行综合评估，并协助开展 IPO 准备工作。

依据法律法规的规定实施正确的上市辅导流程，能从根源上帮助企业修正所有不符合上市条件的情形和行为（见图 4–5）。

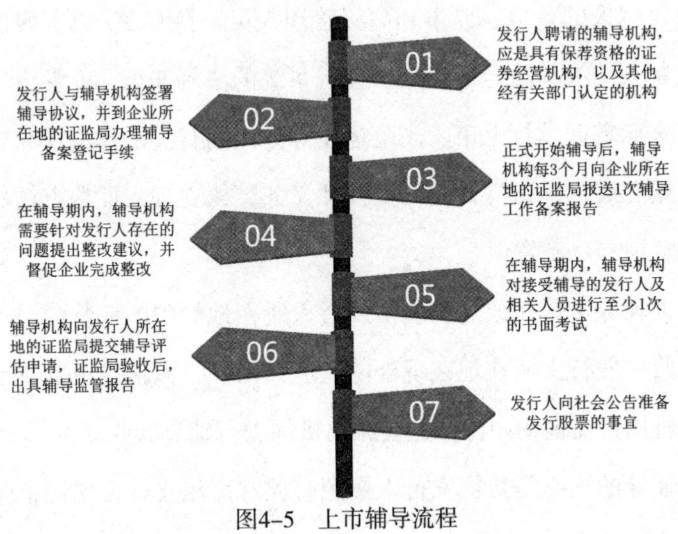

图4–5　上市辅导流程

申请与审核

企业改组为股份有限公司后，根据《首次公开发行股票并上市管理办法》的相关规定，已经具备发行人条件的，可在中介机构的配合下制作上市申报文件，聘请主承销商汇总并出具推荐函，最后由主承销商完成内部审核后，将申报文件报送中国证监会审核。会计师事务所出具的发行人审计报告、评估机构出具的发行人资产评估报告、律师出具的对发行人的法律意见，都将作为招股说明有关的专业依据。

发行人应符合的条件可以参考本章的“主板上市条件”小节内容，在此不做赘述（发行人条件不是固定不变的，政府会随着经济发展做出必要的调整，现行条件中的部分就是在 2024 年上半年重新调整的，这一点发行人需要格外关注）。

发行人依法纳税，各项税收优惠符合相关法律法规的规定，且企业的经营成果对税收优惠不存在严重依赖。同时，企业不存在重大清偿风险，不存在影响持续经营的担保、诉讼及仲裁等重大或有事项。这就要求发行人不仅要在经营中构建良好的公司治理结构，核查股权结构，加强独立运营监督，规范关联方关系，完善财务会计管理，规划业务目标，并对上市条件进行全面评估，还要求在发行人申报文件中不得有三项情形：①故意遗漏或虚构交易、事项或其他重要信息；②滥用会计政策或会计估计；③操纵、伪造或篡改编制财务报表所依据的会计记录、相关凭证。

发行人董事会应依法对本次股票发行的具体方案和本次募集资金的可行性做出决议，并提请股东大会批准。发行人股东大会就本次发行股票做出的决议应包括以下事项：

（1）本次发行股票的种类和数量。

（2）发行对象。

（3）价格区间或定价方式。

（4）募集资金用途。

（5）发行前滚存利润的分配方案。

（6）决议有效期。

（7）对董事会办理本次发行具体事宜的授权。

（8）其他必须明确的事项。

中国证监会收到申报文件后，会在5个工作日内做出是否受理的决定。如果中国证监会受理了申请文件，便由相关职能部门对发行人的申请文件进行初审，再由发行审核委员会审核。

在初审过程中，中国证监会将征求发行人注册地省级人民政府对该发行人发行股票的意见。然后，中国证监会将依照法定条件对发行人的发行申请做出是否予以核准的决定，并出具相关文件。

自中国证监会核准发行之日起，发行人作为上市企业应在6个月内发行股票，超过6个月未发行的，核准文件失效，必须重新经中国证监会核准后方可再次发行。

在发行申请得到核准后，至股票发行结束前的期间，如果发行人发生重大事项，应及时报告中国证监会，暂缓或暂停股票发行的同时，仍需履行信息披露义务。

发行申请未获核准的发行人，自中国证监会做出不予核准决定之日起6个月内，不得再次提出发行申请。

股票发行上市

发行人的股票发行申请经发行审核委员会核准并取得中国证监会的发行批文后，就可以刊登招股说明书，进行巡回路演，按照发行方案开始发行股票。

发行人只有符合上交所和深交所的《股票上市规则》的相关规定，才能在首次公开发行股票后申请其股票在交易所上市。

境内企业申请首次公开发行股票并在上交所上市的具体要求如下：

（1）股票经中国证监会核准，已公开发行。

（2）具备健全且运营良好的组织机构，且具备持续经营能力。

（3）发行后股本总额不少于5000万元。

（4）公开发行的股份达到企业股份总数的25%以上；企业股本总额超过4亿元的，公开发行的股份比例应为10%以上。

（5）企业及其控股股东、实际控制人最近3年不存在贪污、贿赂、侵占财产、挪用公司财务或者破坏社会主义市场经济秩序的刑事犯罪。

（6）企业最近三个会计年度财务会计报告均被出具无保留意见审计报告。

（7）上交所要求的其他条件。

境内企业申请首次公开发行股票并在深交所上市的具体要求如下：

（1）符合证券法、中国证监会规定的发行条件。

（2）发行后股本总额不低于 5000 万元。

（3）公开发行的股份达到企业股份总数的 25% 以上；公司股本总额超过 4 亿元的，公开发行股份的比例为 10% 以上。

（4）企业市值及财务指标符合《深圳证券交易所股票上市规则》规定的标准。

（5）深交所要求的其他条件。

发行人首次公开发行股票的申请获得中国证监会核准后，还应向交易所提出股票上市申请，股票才能正式上市交易。需提交的文件包括：

（1）股票上市交易申请书。

（2）中国证监会核准发行人股票首次公开发行的文件。

（3）有关本次发行上市事宜的董事会和股东大会决议。

（4）营业章程复印件与公司章程。

（5）经具有执行证券、期货相关业务资格的会计师事务所审计的发行人最近 3 年的财务会计报告。

（6）关于发行人的董事、监事和高级管理人员持有本企业股份情况的说明和《董事声明及承诺书》《监事声明及承诺书》《管理人员声明及承诺书》。

（7）首次公开发行后，至上市前，按规定新增的财务资料和有关重大事项的说明（如适用）。

（8）首次公开发行前，已发行股份的持有人，自发行人股票上市之日起一年内的持股锁定证明。

（9）最后一次招股说明书和经中国证监会审核的全套发行申报材料。

（10）按照有关规定编制的上市公告书。

（11）保荐协议和保荐人出具的发行人上市保荐书。

（12）律师事务所出具的有关发行人上市的法律意见书。

（13）证券交易所要求的其他文件。

信息披露

主板上市的信息披露是上市公司与投资者之间的重要桥梁，对于维护市场秩序、保护投资者权益以及促进企业发展具有重要意义。

通过信息披露，发行人可以向公众展示自身的经营情况和财务状况，这不仅提高了市场的透明度，还有助于投资者做出更为明智的投资决策。而投资者通过发行人的信息披露了解企业的真实情况，可以有效降低投资风险，从而保护自身的合法权益。因此，信息披露要求企业按照规范进行运作，加强内部管理和控制，以提高企业的整体素质和竞争力。

主板上市的信息披露内容十分丰富，需要遵循一系列原则和要求，以确保信息的真实性、准确性、完整性和及时性（见图4–6）。主要内容包括但不限于以下几个方面：

（1）招股说明书。在发行前，企业需要发布招股说明书，向潜在投资者详细介绍公司的基本情况、财务数据、业务前景以及风险因素等关键信息。

（2）上市公告书。上市后，企业需定期发布上市公告书，及时公布公司的最新动态、重要事件以及财务数据等信息。

（3）定期报告。上市公司需要按照规定的时间周期，如季度、半年度和年度，发布定期报告，向投资者详细展示公司的经营情况、财务状况和业绩变化。

（4）临时公告。当公司发生重要事件或突发事件时，如重大合同签署、高管变动、重大诉讼等，需要及时发布临时公告，以便投资者及时了解相关信息。

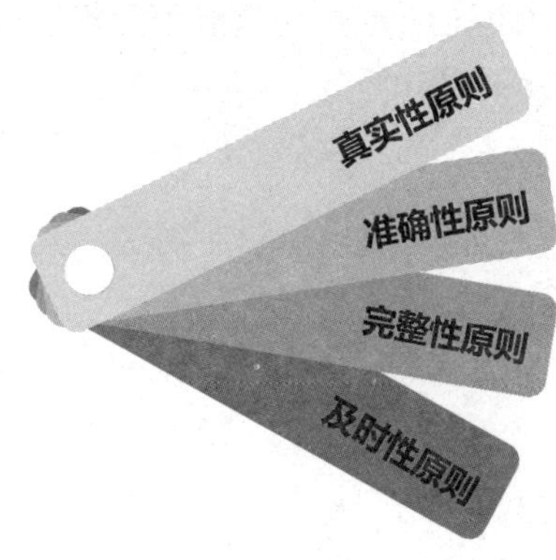

图4-6　主板上市信息披露的原则

所披露的内容中，招股说明书是重点。发行人按照中国证监会的有关规定编制和披露招股说明书，且必须保证内容与格式准确。无论准则是否有明确规定，凡是对投资者做出投资决策有重大影响的信息，都应予以披露。

发行人的全体董事、监事和高级管理人员均应在招股说明书上签字、盖章，以保证招股说明书的真实、准确、完整。保荐人应对招股说明书的真实性、准确性和完整性进行核查，出具核查意见，并签字、盖章。

招股说明书所引用的财务报表在最近一期截止日后 6 个月内有效，因此，招股说明书的有效期也定为 6 个月。

在申请文件受理后，至发行审核委员会审核前，发行人应将招股说明书（申报稿）在中国证监会网站上预先披露。预先披露的招股说明书（申报稿）不能含有价格信息，也不能据此发行股票。因此，发行人应在预先披露的招股说明书（申报稿）的显要位置声明："本公司的发行申请尚未得到中国证监会核准，本招股说明书（申报稿）不具有据此发行股票的法律效力，仅供预先披露之用。"

为了确保主板上市的信息披露质量，监管部门会加大对上市公司的监管力度，并对信息披露违规行为进行处罚。这些处罚措施可能包括警告、罚款、暂停上市甚至退市等。因此，上市企业应严格遵守信息披露的相关规定，并确保信息的真实、准确、完整和及时。

第五章

科创板：资本市场的新生力量

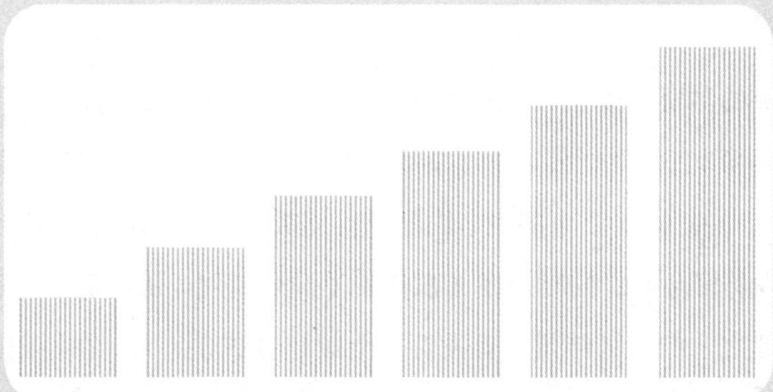

科创板上市行业要求

上交所的科创板旨在为高新技术企业和具有创新能力的企业提供更加灵活、高效的上市融资平台。

作为我国注册制改革的首块“试验田”，2023年7月22日是科创板开市4周年。这4年间，科创板飞速发展，上市企业从首批25家增加至546家，总市值达到6.4万亿元。同样是这4年，科创板孕育了174家百亿元市值企业，占比超3成，其中7家企业的市值突破千亿元。科创板市值榜首是集成电路巨头中芯国际，约为1997亿元。紧跟其后的是金山办公，市值约为1966亿元，公司股价相对发行价上涨超过8倍。可见，科创板不仅助力了科创企业做大做强，也为中国资本市场生态注入了更强劲的活力。

科创板的募资规模也在快速增长，首发募资累计超过8596亿元。其中，首发募资超过10亿元的企业共计271家，超过50亿元的企业有21家。2020年7月16日上市的中芯国际是科创板的“募资王”，其高达532亿元的首发募资金额，同时也在A股历史上高居前列。国内创新药领域四大龙头企业之一的百济神州，首发募资金额超过200亿元。在科创板IPO中，有329家公司的首发募资超过了计划募资，其占比超过在科创板全部企业的六成。

为什么科创板短短几年的发展便如此快速呢？这与其自身定位密不可分。

科创板主要服务于高新技术产业和战略性新兴产业，包括但不限于新一代信息技术、高端装备、新材料、新能源、节能环保以及生物医药6大领域。这些领域的企业不仅需要具备较高的技术含量和创新能力，还要能够推动产业升级和经济发展。因此，申报科创板发行上市的发行人，应当属于下列行业领域的高新技术产业和战略性新兴产业：

（1）新一代信息技术领域：主要包括半导体和集成电路、电子信息、下一代信息网络、人工智能、大数据、云计算、软件、互联网、物联网和智能硬件等。

（2）高端装备领域：主要包括智能制造、航空航天、先进轨道交通、海洋工程装备及相关服务等。

（3）新材料领域：主要包括先进钢铁材料、先进有色金属材料、先进石化化工新材料、先进无机非金属材料、高性能复合材料、前沿新材料及相关服务等。

（4）新能源领域：主要包括先进核电、大型风电、高效光电光热、高效储能及相关服务等。

（5）节能环保领域：主要包括高效节能产品及设备、先进环保技术装备、先进环保产品、资源循环利用、新能源汽车整车、新能源汽车关键零部件、动力电池及相关服务等。

（6）生物医药领域：主要包括生物制品、高端化学药、高端医疗设备与器械及相关服务等。

（7）符合科创板定位的其他领域。

通过以上阐述可以看出，发行人在考虑科创板上市时，需充分了解并满足相关要求，尤其是要具备科创属性，才能确保上市进程顺利进行。所谓的科创属性，可以从《科创属性评价指引（试行）》中看出来，并可以总结为以下两大方面：

1. 支持和鼓励科创板定位规定的相关行业领域中，同时符合下列 4 项指标的企业申报科创板上市：

（1）最近3年研发投入占营业收入比例5%以上，或最近3年研发投入金额累计在6000万元以上。

（2）研发人员占当年员工总数的比例不低于10%。

（3）形成主营业务收入的发明专利有5项以上。

（4）最近3年营业收入复合增长率达到20%，或最近1年营业收入金额达到3亿元。

采用《上海证券交易所科创板股票发行上市审核规则》第二十二条第（五）款规定的上市标准申报科创板的企业可不适用上述第（4）项指标中关于“营业收入”的规定；软件行业不适用上述第（3）项指标的要求，研发投入占比应在10%以上。

2. 支持和鼓励科创板定位规定的相关行业领域中，虽未达到前述指标，但符合下列情形之一的企业申报科创板上市：

（1）发行人拥有的核心技术经国家主管部门认定具有国际领先、引领作用或者对于国家战略具有重大意义。

（2）发行人作为主要参与单位或者发行人的核心技术人员作为主要参与人员，获得国家科技进步奖、国家自然科学奖、国家技术发明奖，并将相关技术运用于公司主营业务。

（3）发行人独立或者牵头承担与主营业务和核心技术相关的国家重大科技专项项目。

（4）发行人依靠核心技术形成的主要产品（服务），属于国家鼓励、支持和推动的关键设备、关键产品、关键零部件、关键材料等，并实现了进口替代。

（5）形成核心技术和主营业务收入的发明专利（含国防专利）合计50项以上。

除了上述两大类科创属性企业可以登陆科创板外，也限制金融科技、模式创新企业在科创板上市。另外，房地产和主要从事金融、投资类业务的企业被禁止在科创板上市。

科创板上市条件

科创板上市条件是一个复杂且多维度的体系，旨在确保上市企业的质量，维护市场的公平、公正和公开，以及保护投资者的合法权益。

首先，发行人必须是依法设立且持续经营三年以上的股份有限公司，具备健全且运行良好的组织机构，相关机构和人员能够依法履行职责。有限责任公司按原账面净资产值折股整体变更为股份有限公司的，持续经营时间可以从有限责任公司成立之日起计算。

其次，在股本总额方面，科创板要求发行人发行后的股本总额不低于3000万元人民币。这一规定旨在确保企业具备足够的资本规模，以支撑其未来的发展和运营。对于红筹企业，这一标准调整为发行后的股份总数不低于3000万股，且公开发行的股份需达到企业股份总数的25%以上；若企业股本总额（或红筹企业的股份总数）超过4亿元（或4亿股），则公开发行股份的比例应至少为10%。

最后，科创板上市的基本前提是发行人必须符合中国证监会规定的上市条件。这些条件通常涉及企业的财务状况、经营能力、治理结构、信息披露等方面，是为了确保企业具备基本的上市资格。反映在市值及财务指标方面，则涉及企业的市值、净利润、现金流量、研发投入等多个方面。例如，企业的预期市值需要达到一定的水平，或者企业的营收和利润需满足特定的增长率要求。这些指标旨在筛选出具有成长潜力和创新能力的优质企业，以推动科创板市场的健康发展。具体的指标条件如下。

（1）市值 + 净利润：预计市值不低于 10 亿元。最近 2 年净利润为正，且累计净利润不低于 5000 万元。

（2）市值 + 营业收入：预计市值不低于 10 亿元。最近 1 年净利润为正，且最近 1 年营业收入不低于 1 亿元。

（3）市值 + 营业收入 + 研发投入：预计市值不低于 15 亿元。最近 1 年营业收入不低于 2 亿元，且最近 3 年累计研发投入占最近 3 年累计营业收入的比例不低于 15%。

（4）市值 + 营业收入 + 现金流量：预计市值不低于 20 亿元。最近 1 年营业收入不低于 3 亿元，且最近 3 年经营活动产生的现金流量净额累计不低于 1 亿元。

（5）市值 + 营业收入：预计市值不低于 30 亿元，且最近 1 年营业收入不低于 3 亿元。

（6）市值 + 经营优势：预计市值不低于 40 亿元。主要营业或产品需经国家有关部门批准，市场空间大，目前已取得阶段性成果，医药行业企业需至少有一项核心产品获准开展二期临床试验，其他符合科创板定位的企业需要具备明显的技术优势，并满足相应条件。

此外，科创板对企业的治理结构提出了明确要求。企业需要建立完善的法人治理结构，并确保董事会、监事会和管理层的职责明确、运作规范。同时，企业还需建立健全的内部控制体系，以提高风险防范能力，并确保财务报告的真实、准确和完整。

在合法合规方面，科创板要求企业严格遵守国家法律法规和监管要求，无重大违法行为。企业需注重诚信经营，履行社会责任，树立良好的企业形象。对于存在违法违规行为的企业，科创板将采取严格的监管措施，甚至可能取消其上市资格。

除了以上基本条件外，科创板还鼓励具有创新能力和高成长性的企业上市。这些企业通常涉及新一代信息技术、高端装备、新材料、新能源、节能环保以及生物医药等高新技术产业和战略性新兴产业。科创板通过提供更加灵活、高效的上市融资平台，支持这些企业实现快速发展和创新突破。科创板对发行人在研发投入方面的具体要求如下：

（1）近 3 年研发投入占营收 5% 以上，或近 3 年研发投入累计超过 8000 万元。

（2）研发人员占当年员工总数的比例不低于 10%。

（3）应用于企业主营业务并能产业化的发明专利有 7 个以上。

由于科创板上市条件可能随政策调整和市场变化而发生变化，所以企业在准备上市时应密切关注最新政策和市场动态，以便及时调整上市策略。具体企业的科创板上市条件和流程也可能因具体情况而有所差异，建议企业在实际操作中寻求专业机构和人员的帮助和指导。

值得注意的是，科创板上市是一个复杂且漫长的过程，涉及多个环节和多个参与方。企业必须充分了解并遵守相关法规和规定，与中介机构密切合作，确保上市过程的顺利进行。不仅如此，企业还需要在上市后继续保持良好的治理结构和合规经营，以维护其在市场上的形象和声誉。

申请与审核

科创板优先支持符合国家发展战略，拥有关键核心技术，科技创新能力突出，主要依靠核心技术开展生产经营，且具有商业模式稳定性和较强成长性的企业。

发行人董事会应依法就本次股票发行的具体方案、本次募集资金使用的可行性及其他必须明确的事项做出决议，并提请股东大会批准。发行人股东大会就本次发行股票做出的决议应包括以下事项：

（1）本次公开发行股票的种类和数量。

（2）发行对象。

（3）定价方式。

（4）募集资金的用途。

（5）发行前滚存利润的分配方案。

（6）决议有效期。

（7）授权董事会办理本次发行具体事宜。

（8）其他必须明确的事项。

发行人在科创板首次公开发行股份，应符合科创板定位，并经证监会同意完成股份首次公开发行后，向上交所提出股票上市申请的，将由保荐人向上交所申报。应提交的文件如下：

（1）上市注册申请文件。

（2）首次公开发行结束后，发行人全部股票已经被中国证券登记结算有限责任公司上海分公司登记的证明文件。

（3）首次公开发行结束后，具有执行证券、期货相关业务资格的会计师事务所出具的验资报告。

（4）发行人与其控股股东、实际控制人、董事、监事和高级管理人员根据相关规则要求出具的证明、声明及承诺。

（5）首次公开发行后至上市前，按规定新增的财务资料和有关重大事项的说明（如存在且使用）。

（6）上交所要求的其他文件。

发行人及其控股股东、实际控制人、董事、监事、高级管理人应保证注册申请文件的真实、准确完整，不存在虚假记载、独到性陈述或重大遗漏。

上交所自收到注册申请文件后的5个工作日内会做出是否受理的决定。在此期间，如果发行人发生重大事项，并对上市和信息披露产生了重大影响，上交所可提请科创板股票上市委员会进行审议，审议所需时间不计入上述“5个工作日”之内。

自注册申请受理之日起，发行人及其控股股东、实际控制人、董事、监事和高级管理人员，以及与本次股票公开发行并上市相关的保荐人、证券服务机构及相关责任人，都须承担相应法律责任。因此，注册申请文件受理后，未经中国证监会或上交所同意，不得改动。发生重大事项的，发行人、保荐人、证券服务机构应及时向上交所报告，并按要求更新注册申请文件和信息披露资料。

上交所上市委员会负责审核发行人公开发行并上市的申请。同时，科技创新咨询委员会负责为科创板建设和发行上市审核提供专业咨询和政策建议。科创板上市委员会负责对审核部门出具的审核报告提出审议意见。

上交所主要通过向发行人提出审核问询与获取相关回答问题的方式开展审核工作。上市委员会进行审议时，要求对发行人及其保荐人进行现场询问的，发行人与保荐人的代表人必须到会接受问询。与此同时，参会委员就审核报告的内容和上市审核机构提出的初步审核意见发表意见，通过合议形式同意或不同意发行上市的审议意见。

上交所上市委员会认为发行人符合发行上市条件和信息披露要求，但要求发行人补充披露有关信息的，上交所发行上市审核机构会告知保荐人组织落实，并对发行人及其保荐人、证券服务机构的落实情况予以核对，通报参会委员，无须再次提请上市委员会审议。发行人对相关事项补充披露后，上交所出具同意发行上市的审核意见。

上交所应自受理注册申请文件之日起3个月内形成审核意见，然后按规定的条件和程序，出具“同意”（发行人）发行上市的审核意见或者

"终止"（发行人）发行上市的审核决定。同意的，将审核意见、发行人注册申请文件及相关审核资料报送中国证监会履行发行注册程序。在此期间，如果发行人根据要求补充、修改注册申请文件，以及上交所按规定进行现场检查，或者要求保荐人、证券服务机构对有关事项进行专项核查的时间，不计算在上述"3个月"之内。

注册程序

中国证监会收到上交所报送的审核意见及发行人注册申请文件后，会依照规定的发行条件和信息披露要求，在上交所发行上市审核工作的基础上，履行发行注册程序。

中国证监会认为上交所对影响发行条件的重大事项未予关注或审核意见依据不充分的，将退回交易所补充审核。待上交所补充审核完毕后，若发行人依然符合公开发行并上市条件的，重新向中国证监会报送审核意见及相关资料，再根据《科创板首次公开发行股票注册管理办法（试行）》第二十四条规定的注册期限重新计算。

中国证监会根据法定条件，会在20个工作日内对发行人的注册申请做出"同意注册"或"不予注册"的决定。在此期间，发行人应根据要求补充、修改注册申请文件，以及证件，要求保荐人、证券服务机构等对有关事项进行核查的时间，不计算在上述"20个工作日"之内。

1. 同意注册

中国证监会同意注册的决定一经做出，并非无限期有效，而是只在决定做出后的6个月内有效，发行人应在此有效期内发行股票，具体发行时间与地点自行决定。

中国证监会做出“同意注册”决定后，至发行人股票上市交易前，发行人应及时更新披露的相关信息，并及时修正、补充国企的财务报表等文件（若存在）；保荐人、证券服务机构应持续履行尽职调查职责。在此期间，如果发行人发生影响本次发行的重大事项，发行人、保荐人必须及时向上交所报告，上交所再及时向中国证监会报告并出具明确意见。中国证监会可以要求发行人暂缓或暂停发行上市，如果事项影响导致发行人不再符合发行条件的，中国证监会可以要求撤销注册。中国证监会撤销注册后，股票尚未发行的，发行人应停止发行；股票已经发行但尚未上市的，发行人应按照发行价并加算银行同期存款利息返还股票持有人。

2. 不予注册

上交所对发行人做出终止发行上市审核决定或者中国证监会做出不予注册决定的，自决定作出之日起一年后，发行人才可以再次提出公开发行股票并上市的申请。

根据《科创板首次公开发行股票注册管理办法（试行）》第三十条规定，存在下列情形之一的，发行人、保荐人应当及时以书面形式报告上交所或者中国证监会，上交所或者中国证监会应中止相应发行上市审核程序或者发行注册程序（但这并不意味着发行人隐瞒不报即可躲过），具体情形如下：

（1）相关主体涉嫌违反《科创板首次公开发行股票注册管理办法（试行）》第十三条第二款规定，被立案调查或被司法机关立案侦查且尚未结案。

（2）发行人的保荐人（或签字保荐代表人）、律师事务所（或签字律师）、会计师事务所（或签字会计师）等证券服务机构（或证券服务机构签字人员），因首次公开发行股票、上市企业证券发行、并购重组业务涉嫌违法违规，或者其他业务涉嫌违法违规，且对市场有重大影响而被中国证监会立案调查或被公安机关立案侦查，尚未解除。

（3）发行人的保荐人、律师事务所、会计师事务所等证券服务机构，被中国证监会依法采取限制业务活动、责令停业整顿、制定其他机构托管（或接管）等措施，或者被上交所实施一定期限内不接受其出具的相关文件的纪律处分，尚未接触。

（4）发行人的签字保荐代表人、签字律师、签字会计师等证券服务机构签字人员被中国证监会依法采取认定为不适当人选等监管措施或者证券市场禁入的措施，或者被上交所实施一定期限内不接受其出具的相关文件的纪律处分，尚未解除。

（5）发行人主动要求中止发行上市审核程序或者发行注册程序，理由正当且经上交所或中国证监会批准。

（6）发行人注册申请文件中记载的财务资料已过有效期，需要补充提交。

（7）中国证监会规定的其他情形。

前款所列情形消失后，发行人可以提交恢复申请；因前款第（2）、（3）项规定情形中止的，保荐人以及律师事务所、会计师事务所等证券服务机构按照有关规定履行复核程序后，发行人也可以提交恢复申请。之后上交所或者中国证监会按照规定，会恢复发行上市审核程序或者发行注册程序。

根据《科创板首次公开发行股票注册管理办法（试行）》第三十一条规定，存在下列情形之一的，上交所或者中国证监会应当终止相应发行上市审核程序或者发行注册程序，并向发行人说明理由：

（1）发行人撤回注册申请或者保荐人撤销保荐。

（2）发行人未在要求的期限内对注册申请文件作出解释说明或者补充、修改。

（3）注册申请文件存在虚假记载、误导性陈述或者重大遗漏。

（4）发行人阻碍或者拒绝证监会、上交所依法对其实施检查、核查。

（5）发行人及其关联方以不正当手段严重干扰发行上市审核或者发行注册工作。

（6）发行人法人资格终止。

（7）注册申请文件内容存在重大缺陷，严重影响投资者理解和发行上市审核或者发行注册工作。

（8）发行人注册申请文件中记载的财务资料已过有效期且逾期 3 个月未更新。

（9）发行人发行上市审核程序中止超过上交所规定的时限或者发行注册程序中止超过 3 个月仍未恢复。

（10）上交所认为发行人不符合发行条件或者信息披露要求。

（11）中国证监会规定的其他情形。

发行上市保荐

《科创板首次公开发行股票注册管理办法（试行）》与《证券发行上市保荐业务管理办法》针对保荐业务做出了明确安排。要求保荐人应结合科创企业的特点，做出更为符合科创企业发展需求的安排，以帮助发行人控制业务风险，遵守发行上市审核制度与程序，并提高发行上市的执行质量。明确了科创板上市企业的持续督导期为发行上市当年的剩余时间及其后 3 个完整会计年度。

根据《上海证券交易所科创板上市保荐书内容与格式指引》，发行人申请首次公开发行股票，并在科创板上市的，所聘请的保荐人应按照本指引的要求出具上市保荐书。具体操作如下：

1. 保荐人应简述的内容

保荐人需要简述发行人的基本情况，包括但不限于，名称、注册地、注册时间、联系方式、主营业务、核心技术、研发水平、主要经营、财务数据及指标、存在的主要风险等。

保荐人也需简述发行人本次发行的具体情况，包括但不限于，证券种类、发行数量、发行方式等。

保荐人还应简述本次证券发行上市的保荐代表人、协办人及项目组其他成员情况，包括人员姓名、保荐业务执业情况等。

2. 保存机构应详述的内容

保荐人应说明针对发行人是否符合科创板定位所做出的专业判断，以及相应理由和依据，并说明保荐人的核查内容和核查过程。

保荐人应明确说明发行人所选择的具体上市标准，并详细载明得出每项结论的查证过程及事实依据。对于市值指标，保荐人应结合发行人报告期外部股权融资情况、可比企业在境内外市场估值情况等进行说明。

保荐人也应说明对发行人证券上市后，持续督导工作的具体安排，包括但不限于持续督导事项、持续督导期限、持续督导计划等。

此外，保荐人还必须详细说明发行人与保荐人是否存在以下5类情形。

（1）保荐人或其控股股东、实际控制人、重要关联方持有或者通过参与本次发行战略配售持有发行人或其控股股东、实际控制人、重要关联方股份的情况。

（2）发行人或其控股股东、实际控制人、重要关联方持有保荐人或其控股股东、实际控制人、重要关联方股份的情况。

（3）保荐人的保荐代表人及其配偶、董事、监事、高级管理人员，持有发行人或其控股股东、实际控制人及重要关联方股份，以及在发行人或其控股股东、实际控制人及重要关联方任职的情况。

（4）保荐人的控股股东、实际控制人、重要关联方与发行人控股实际控制人、重要关联方相互提供担保或者融资等情况。

（5）保荐人与发行人之间的其他关联关系。

存在上述情形的，应重点说明其对保荐人及其保荐代表人公正履行保荐职责可能产生的影响。

3. 保荐人应作出的承诺

保荐人须承诺已按法律法规和中国证监会及上交所的相关规定，对发行人及其控股股东、实际控制人进行了尽职调查、审慎核查，并充分了解了发行人的经营状况及其面临的风险和问题，履行了相应的内部审核程序。保荐人根据调查与核查结果，同意推荐发行人证券发行上市，并据此出具上市保荐书，且相关结论应具备相应的保荐工作底稿支持。

保荐人还需明确指出，是根据《证券发行上市保荐业务管理办法》规定，作出的如下承诺，并自愿接受上交所的自律监管。

（1）有充分理由确信发行人符合法律法规及中国证监会、上交所有关证券发行上市的相关规定。

（2）有充分理由确信发行人申请文件和信息披露资料不存在虚假记载、误导性陈述或者重大遗漏。

（3）有充分理由确信发行人及其董事在申请文件和信息披露资料中，表达意见的依据充分合理。

（4）有充分理由确信申请文件和信息披露资料与证券服务机构发表的意见不存在实质性差异。

（5）保证所指定的保荐代表人及保荐人的相关人员已勤勉尽责，对发行人申请文件和信息披露资料进行了尽职调查、审慎核查。

（6）保证保荐书、与履行保荐职责有关的其他文件不存在虚假记载、误导性陈述或者重大遗漏。

（7）保证对发行人提供的专业服务和出具的专业意见符合法律、行政法规、中国证监会的规定和行业规范。

（8）自愿接受中国证监会、上交所采取的监管措施。

（9）遵守中国证监会规定的其他事项。

保荐人报送上市发行保荐书后，发行人情况发生重大变化并影响本次证券上市条件的，保荐人应及时对上市保荐书进行补充、更新。

发行人发行完成后，保荐人应结合发行情况更新上市保荐书，就市值及财务指标等是否符合选定的上市标准发表明确结论意见，并将更新后的上市保荐书提交上交所。

上市保荐书应由保荐人的法定代表人、保荐业务部门负责人、内核负责人、保荐代表人共同签字，并加盖保荐人公章、注明签署日期。

发行与承销

首次公开发行股票并在科创板上市的发行与承销行为，适用《证券发行与承销管理办法》，上交所另有规定的除外，即参与询价的网下投资者报价要求、最高报价剔除比例、网下初始配售比例、网下优先配售比例、网下网上回拨机制、网下分类配售安排、战略配售、超额配售选择权等事项，适用上交所相关规定。

《科创板首次公开发行股票注册管理办法（试行）》也规定，首次公开发行股票，应向经中国证券业协会注册的证券公司、基金管理公司、信托公司、财务公司、保险公司、合格境外机构投资者和私募基金管理人等专业机构投资者（统称网下投资者）询价确定股票发行价格。发行人和主承销商可以根据自律规则，设置网下投资者的具体条件，并在发行公告中预先披露。具体操作规则如下：

（1）网下投资者可以按照管理的不同配售对象账户分别申报价格，每个报价应当包含配售对象信息、每股价格和该价格对应的拟申购股数。首次公开发行股票价格（或者发行价格区间）确定后，提供有效报价的网下投资者方可参与新股申购。

（2）《证券发行与承销管理办法》规定的战略投资者在承诺的持有期限内，可以按规定向证券金融公司借出获得配售的股票。借出期限届满后，证券金融公司应当将借入的股票返还给战略投资者。

（3）保荐人的相关子公司或者保荐人所属证券公司的相关子公司参与发行人股票配售的具体规则由上交所另行规定。

（4）获中国证监会同意注册后，发行人与主承销商应及时向上交所报备发行与承销方案。上交所于5个工作日内无异议的，发行人与主承销商可依法刊登招股意向书，启动发行工作。

此外，上交所还需对证券发行承销过程实施监管。发行承销过程涉嫌违法违规或者存在异常情形的，中国证监会可以要求上交所对相关事项进行调查处理，或者直接责令发行人和承销商暂停发行或中止发行。

在本节的最后，也是本章的最后，说一点和上交所相关的话题，即在上交所上市的企业同时也在境外证券交易所上市的，应如何披露信息、如何报告事件、如何处理停牌？

上市企业应保证将境外证券交易所要求披露的信息及时向上交所报告，并同时在指定媒体上按照相关规定披露。如果就同一事件向境外证券交易所提供的报告、公告与向上交所提供的内容出现重大差异的，上市企业应向上交所做出专项说明，并按上交所的要求披露更正，并做出补充公告。

第六章

创业板：为“三创四新”企业提供精准服务

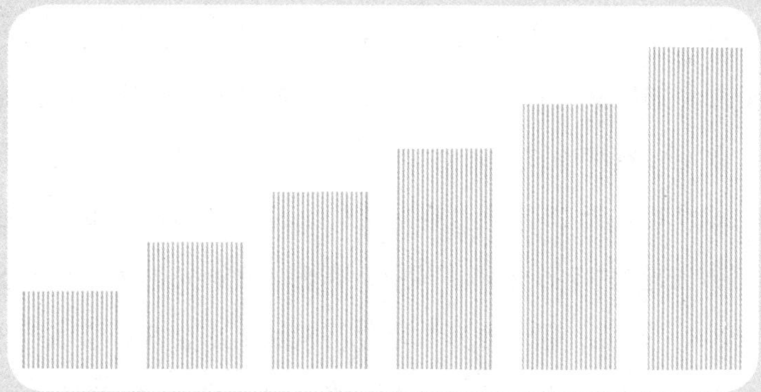

创业板上升行业要求

深交所的创业板，定位于深入贯彻创新驱动发展战略，适应发展更多依靠创新、创造、创意（即“三创”）的大趋势，主要服务成长型创新创业企业，并支持传统产业与新技术、新产业、新业态、新模式（即“四新”）深度融合。

创业板精准服务于“三创四新”企业，赋能互联网、人工智能、新材料等新经济，助力传统产业转型升级与高质量发展，支持和鼓励符合创业板定位的创新创业企业申报在创业板发行上市。

面对科创板的蓬勃发展和新三板精选层（北交所）的异军突起，外界对于创业板的价值产生了质疑，甚至一度传出创业板也要像中小板那样被合并，但现实的发展却与当初人们的担忧完全背离。

经过十几年的实践与磨砺，创业板已经成为服务科技创新企业和战略性新兴产业不可或缺的重要平台。截至 2023 年 10 月 30 日（创业板 14 周年），从 2009 年首批 28 家企业在此挂牌上市，到如今上市公司数量达 1324 家，总市值超过 11 万亿元。其中，有近 400 家先进制造领域上市企业，市值近 3.5 万亿元；超 300 家数字经济领域上市企业，市值近 3 万亿元；有近 200 家绿色低碳领域上市企业，市值超 2 万亿元。

创业板之所以能在外界的质疑声中生存下来，并不断壮大，就是源于其“优创新、高成长”的标签。14 年来，它培育壮大了一批聚焦主业、坚守创新、业绩优良的高成长企业，其中不乏市场认可度高、行业影响力大的高成长标杆企业。

创业板首批28家挂牌企业之一的亿纬锂能，上市后迎来了爆发式增长，单年营业收入从上市前到2023年增长幅度高达178倍，单年净利润从上市前到2023年增长幅度高达112倍。

于2010年9月在创业板上市的汇川技术，上市13年来企业发展非常迅猛，当年营业收入增长75倍，单年净利润增长41倍。

于2018年6月在创业板上市的宁德时代，在上市五年也有了快速增长，单年营业收入增长15倍，单年净利润增长7倍。

由此可见，一大批企业在登陆创业板后，通过大量募集资金，得以加大科技创新力度，突破关键核心技术，在实现高质量增长的同时，带动了产业链上下游协同发展，成为推动我国经济高质量发展的创新引擎。

在这种情况下，保荐人应顺应国家经济发展战略和产业政策导向，准确把握创业板定位，切实履行勤勉尽责义务，推荐符合高新技术产业和战略性新兴产业发展方向的创新创业企业，特别是新能源、新材料、信息、生物与新医药、节能环保、航空航天、海洋、先进制造、高技术服务等领域的企业，以及其他领域中具有自主创新能力、成长性强的企业，申报在创业板发行上市。

中国证监会公布的《上市公司行业分类指引》（2012年修订）中，下列行业的企业原则上不支持其申报在创业板发行上市，但与互联网、大数据、云计算、自动化、人工智能、新能源等新技术、新产业、新业态、新模式深度融合的创新创业企业除外：①农林牧渔业；②采矿业；③酒、饮料和精制茶制造业；④纺织业；⑤黑色金属冶炼和压延加工业；⑥电力、热力、燃气及水生产和供应业；⑦建筑业；⑧交通运输、仓储和邮政业；⑨住宿和餐饮业；⑩金融业；⑪房地产业；⑫居民服务、修理和其他服务业。

保荐人需对发行人的新技术、新产业、新业态、新模式深度融合情况进行尽职调查，做出专业判断，并在发行保荐书中说明具体核查过程、依据和结论。

创业板上市条件

创业板作为资本市场的重要组成部分，为创新型、高成长性的中小企业提供了融资发展的平台。企业若想在创业板成功上市，就需满足一系列严格的条件和标准。

在创业板上市要求企业具备稳定的经营基础和良好的发展前景，因此，通常要求企业持续经营时间达到一定年限。根据《首次公开发行股票并在创业板上市管理办法》的规定，发行人应是依法设立且持续经营三年及以上的股份有限公司，但经国务院批准的除外。有限责任公司按原账面净资产值折股整体变更为股份有限公司的，持续经营时间可以从有限责任公司成立之日起计算。

发行人必须资产完整，业务及人员、财务、机构独立，与控股股东、实际控制人及其控制的其他企业间不存在对发行人构成重大不利影响的同业竞争，不存在严重影响独立性或者显失公平的关联交易。

深交所发行上市审核基于创业板定位，重点关注并判断发行人是否符合中国证监会和《深圳证券交易所创业板股票上市规则》及深交所相关规则规定的上市条件；保荐人和律师事务所等证券服务机构出具的上市保荐书、法律意见书等文件中是否就发行人选择的上市标准，以及是否符合上市条件发表明确意见，且具备充分的理由和依据。

为了符合发行条件，发行人必须严格遵照《深圳证券交易所创业板股票发行上市审核规则》规定的上市条件。为了便于创新创业企业有更多上市的机会，《深圳证券交易所创业板股票发行上市审核规则》中列出了多种上市条件组合，发行人应当至少符合上市标准中的一项，且需在招股说明书和保荐人保荐书中明确说明所选择的具体上市标准。所有标准如下。

（1）净利润：最近 2 年净利润均为正，且累计净利润不低于 1 亿元，最近 1 年净利润不低于 6000 万元。

（2）市值 + 营业收入：预计市值不低于 15 亿元，且最近 1 年营业收入不低于 4 亿元。

（3）市值 + 研发收入 + 营业收入：最近 3 年研发投入复合增长率不低于 15%，最近 1 年研发投入金额不低于 1000 万元，且最近 3 年营业收入复合增长率不低于 20%。

（4）市值 + 营业收入：市值不低于 50 亿元，最近 1 年营业收入不低于 3 亿元。

（5）研发收入 + 营业收入：最近 3 年累计研发投入金额不低于 5000 万元，且最近 3 年营业收入复合增长率不低于 20%。属于制造业优化升级、现代服务业或数字经济等现代产业体系领域，且最近 3 年营业收入复合增长率不低于 30%（高新技术企业营收复合增长率由 20% 适度提高到 25%）。

需要注意的是，深交所若对发行人的上市条件存在疑问的，发行人应按照深交所的要求做出解释说明，保荐人及证券服务机构应进行核查，并相应修改发行上市申请文件。

申请与审核

发行人董事会应依法就本次发行股票的具体方案、本次募集资金使用的可行性及其他必须明确的事项做出决议，并提请股东大会批准。发行人股东大会就本次发行股票做出的决议应包括以下事项：

（1）本次公开发行股票的种类和数量。

（2）发行对象。

（3）定价方式。

（4）募集资金的用途。

（5）发行前滚存利润的分配方案。

（6）决议有效期。

（7）对董事会办理本次发行具体事宜的授权。

（8）其他必须明确的事项。

发行人在提交发行上市申请文件之前，对于重大疑难、无先例事项等涉及深交所业务规则理解与适用的问题，发行人与保荐人应通过深交所发行上市审核业务系统进行咨询。如需当面咨询的，可通过深交所发行上市审核业务系统预约。只有消除疑问和不理解之处，才能让接下来的审核与注册环节更顺利地进行，而很多企业往往忽略了这个环节，这就导致后续的审核与注册过程中“步步都是坎坷路”，甚至出现无法通过受理和通过申请的情形。

经历过接触疑问的环节后，发行人就可以正式申请股票首次发行上市了。应按规定聘请保荐人进行保荐，并委托保荐人通过深交所发行上市审核业务系统报送下列发行上市申请所需的文件：

（1）中国证监会规定的招股说明书、发行保荐书。

（2）保荐人出具的上市保荐书。

（3）律师事务所出具的法律意见书。

（4）会计师事务所出具的审计报告。

（5）公司章程、股东大会决议。

（6）深交所要求的其他文件。

发行上市申请文件的内容必须真实、准确、完整、简明清晰、通俗易懂。深交所收到发行人的发行上市申请文件后5个工作日内，会对文件进行审核，做出是否受理的决定，并告知发行人及保荐人，同时在深交所网站公示。

如果出现发行上市申请文件与中国证监会和深交所规定的文件目录不相符、文档格式与中国证监会和深交所的要求不相符、签章不完整或不清晰、文档无法打开，以及深交所认定的其他不齐备情形的，发行人应在最长不超过30个工作日内予以补正。

发行人补正发行上市申请文件的时间，不计算在上述“30个工作日”之内。因此，深交所收到发行上市申请文件的时间以发行人最终提交补正文件的时间为准，且深交所会按照收到发行人最终版发行上市申请文件的时间先后顺序予以受理。

存在以下两种情形之一的，深交所不予受理发行人的发行上市申请文件：

（1）招股说明书、发行保荐书、上市保荐书等发行上市申请文件不齐备且未按要求补正。

（2）保荐人、证券服务机构及其相关人员因证券违法违规被采取认定为不适当人选、限制业务活动、一定期限内不接受其出具的相关文件等相关措施，尚未解除；或者因首次公开发行并上市、上市公司发行证券、并购重组业务涉嫌违法违规，或者其他业务涉嫌违法违规且对市场有重大影响正在被立案调查、侦查，尚未结案。

发行上市申请文件已经受理，发行人及其控股股东、实际控制人、董事、监事和高级管理人员，以及与本次股票发行上市相关的保荐人、证券服务机构及其相关人员，都须承担相应的法律责任。未经深交所同意的，不得对上市申请文件进行更改。

深交所受理发行上市审核文件后10个工作日内，保荐人应以电子文档形式报送保荐工作底稿和验证版招股说明书，以供监管备查。

深交所发行上市审核机构会按照发行上市审核文件受理的先后顺序开始审核。注意：自受理之日起，深交所审核时间和中国证监会注册时间总计不超过3个月，发行人、中介机构回复问询时间不超过3个月（见图6-1）。

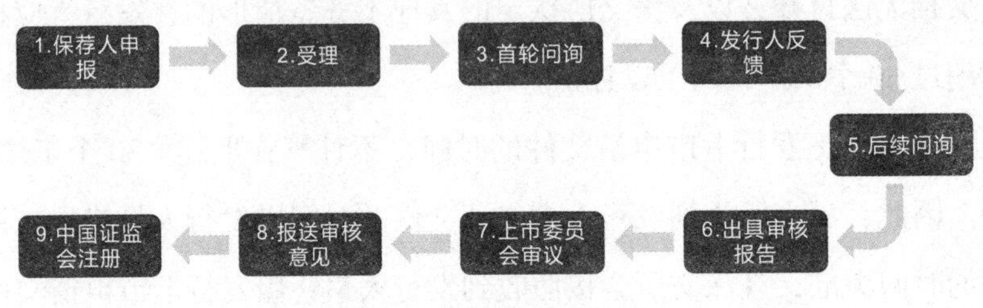

图6-1　深交所审核程序

根据《深圳证券交易所股票发行上市审核规则》（2024年修订）第三十七条，首轮审核问询结束后，存在下列情形之一的，深交所发行上市审核机构收到发行人回复后10个工作日内可以继续提出审核问询：

（1）首轮审核问询后，发现新的需要问询事项。

（2）发行人及其保荐人、证券服务机构的回复未能有针对性地回答深交所发行上市审核机构提出的审核问询，或者深交所就其回复需要继续审核问询。

（3）发行人的信息披露仍未满足中国证监会和深交所规定的要求。

（4）深交所认为需要继续审核问询的其他情形。

发行人及其保荐人、证券服务机构应按照深交所发行上市审核机构审核问询要求进行必要的补充调查和核查，要及时、逐项回复深交所发行上市审核机构提出的审核问询，对其进行相应补充或者修改发行上市申请文件，并于上市委员会审议会议结束后10个工作日内汇总补充报送与审核问询回复相关的保荐工作底稿和更新后的验证版招股说明书。

发行人及其保荐人、证券服务机构对深交所发行上市审核机构审核问询的回复是发行上市申请文件的组成部分，发行人及其保荐人、证券服务机构应保证回复的真实、准确、完整。

发行人及其保荐人、证券服务机构回复后，应当及时在深交所网站披露问询和回复的内容。回复不符合信息披露要求的，深交所发行上市审核机构可以退回，发行人及其保荐人、证券服务机构应按照深交所要求进行修改后再予以披露。

深交所在发行上市审核中，可以根据需要，约见问询发行人的董事、监事、高级管理人员、控股股东、实际控制人以及保荐人、证券服务机构及其相关人员，调阅发行人、保荐人、证券服务机构与发行上市申请相关的资料。

深交所在发行上市审核中，发现发行上市申请文件存在重大疑问且发行人及其保荐人、证券服务机构回复中无法作出合理解释的，可以提请对发行人及其保荐人、证券服务机构进行现场检查或者对保荐人以及相关证券服务机构进行现场督导。

深交所发行上市审核机构收到发行人及其保荐人、证券服务机构对深交所审核问询的回复后，认为不需要进一步审核问询的，将出具审核报告并提交上市委员会审议。

申请股票首次发行上市的，深交所会在规定的时限内出具发行人符合发行条件、上市条件和信息披露要求的审核意见或者作出终止发行上市审核的决定，但发行人及其保荐人、证券服务机构回复深交所审核问询的时间不计算在内。发行人及其保荐人、证券服务机构回复深交所审核问询的时间总计不超过 3 个月。自受理发行上市申请文件之日起，深交所审核和中国证监会注册的时间总计不超过 3 个月。

审核中止与终止

深交所上市委员会每次召开审议会议需由5名委员参加，其中会计和法律专家至少各1名。委员会对发行上市审核机构出具的审核报告及发行上市申请文件进行审议。深交所结合上市委员会的审议意见，会出具发行人是否符合发行上市条件和信息披露要求的审核意见。深交所审核通过的，向中国证监会报送审核意见及相关资料；深交所审核未通过的，做出终止发行上市的审核决定。

其中，深交所上市委员会认为发行人符合发行上市条件和信息披露要求，但要求发行人补充披露有关信息的，将会由深交所发行上市审核机构告知保荐人组织落实，并对发行人及其保荐人、证券服务机构的落实情况予以核对，通报参会委员，因此无须再次提请上市委员会审议。发行人对相关事项补充披露后，深交所出具同意发行上市的审核意见。

在审核过程中，有两个概念必须注意：一是审核中止；二是审核终止。虽然“中止”与“终止”看起来很像，有可通用的嫌疑，但细究起来是完全不同的概念。中止通常由发行人、保荐人和证券服务机构发起，由深交所实施中止发行上市审核。终止则是由深交所发起，由深交所实施终止发行上市审核。

存在下列情形之一的，发行人、保荐人应当及时以书面形式报告深交所或者中国证监会，深交所或者中国证监会应当中止相应发行上市审核程序或者发行注册程序：

（1）发行人及其控股股东、实际控制人涉嫌贪污、贿赂、侵占财产、挪用财产或者破坏社会主义市场经济秩序的犯罪，或者涉嫌欺诈发行、重大信息披露违法或者其他涉及国家安全、公共安全、生态安全、生产安全、公众健康安全等领域的重大违法行为，被立案调查或者被司法机关立案侦查，尚未结案。

（2）发行人的保荐人（或签字保荐代表人）以及律师事务所（或签字律师）、会计师事务所（或签字会计师）等证券服务机构（或证券服务机构签字人员）因首次公开发行股票、上市企业证券发行、并购重组业务涉嫌违法违规，或者其他业务涉嫌违法违规且对市场有重大影响，正在被中国证监会立案调查，或者正在被司法机关侦查，尚未结案。

（3）发行人的保荐人以及律师事务所、会计师事务所等证券服务机构被中国证监会依法采取限制业务活动、责令停业整顿、指定其他机构托管、接管等措施，尚未解除。

（4）发行人的签字保荐代表人、签字律师、签字会计师等证券服务机构签字人员被中国证监会依法采取认定为不适当人选等监管措施或者证券市场禁入的措施，或者被深交所实施一定期限内不接受其出具的相关文件的纪律处分，尚未解除。

（5）发行人及保荐人主动要求中止发行上市审核程序或者发行注册程序，理由正当且经深交所或者中国证监会同意。

（6）注册申请文件中记载的财务资料已过有效期，需要补充提交。

（7）中国证监会规定的其他情形。

存在下列情形之一的，深交所或中国证监会应终止相应发行上市审核程序或者发行注册程序，并向发行人说明理由：

（1）发行上市申请文件、信息披露文件内容存在明显瑕疵，严重影响投资者理解或者深交所审核。

（2）发行人撤回发行注册申请或者保荐人撤销保荐。

（3）发行人未在规定时限内回复深交所审核问询或者未对注册申请文件作出解释说明、补充修改。

（4）注册申请文件存在虚假记载、误导性陈述或者重大遗漏。

（5）发行人或保荐人、证券服务机构阻碍或者拒绝中国证监会、深交所对发行人依法实施的现场检查或者现场督导。

（6）发行人及其关联方以不正当手段严重干扰深交所发行上市审核或发行上市注册工作。

（7）发行人法人资格终止。

（8）发行人注册申请文件中记载的财务资料已过有效期且逾期3个月未更新。

（9）发行人发行上市审核程序中止超过深交所规定的时限或者发行注册程序中止超过3个月仍未恢复。

（10）深交所审核认为发行人不符合发行上市条件或者信息披露要求。

（11）中国证监会规定的其他情形。

此外，发行人不符合国家产业政策或者板块定位的，深交所可以不经上市委员会审议，直接做出终止发行上市审核的决定。

注册程序

中国证监会在注册程序中，决定退回深交所补充审核的，深交所发行上市审核机构会对要求补充审核的事项重新审核，并提交上市委员会审议。深交所审核通过的，重新向中国证监会报送审核意见及相关资料；深交所审核不通过的，做出终止发行上市的审核决定。

如果审核通过，深交所会结合上市委员会的审核意见，出具发行人符合发行上市条件和信息披露要求的审核意见，并将审核意见和发行上市申请文件及相关审核资料报送中国证监会注册。

根据《创业板首次公开发行股票注册管理办法（试行）》，中国证监会依法履行发行注册程序，发行注册主要关注深交所发行上市审核内容有无遗漏，审核程序是否符合规定，以及发行人在发行条件和信息披露要求的重大方面是否符合相关规定。

中国证监会认为存在需要进一步说明或落实的事项，可以要求深交所进一步问询。

中国证监会认为深交所对影响发行条件的重大事项未予关注或者深交所的审核意见依据明显不充分的，可以退回深交所补充审核。深交所补充审核后，认为发行人符合发行上市条件和信息披露要求的，应重新向中国证监会报送审核意见及相关材料。

中国证监会在20个工作日内对发行人的注册申请做出予以注册或者不予注册的决定。发行人根据要求补充、修改注册申请文件，或者中国证监会要求交易所进一步问询，要求保荐人、证券服务机构等对有关事项进行核查，对发行人现场检查，并要求发行人补充、修改申请文件的时间不计算在内。

中国证监会的予以注册决定，自作出之日起一年内有效，发行人应当在注册决定有效期内发行股票，发行时点由发行人自主选择。

中国证监会做出予以注册决定后，发行人股票上市交易前，发行人应及时更新信息披露文件内容，财务报表已过有效期的，发行人应补充财务会计报告等文件；保荐人以及证券服务机构应持续履行尽职调查职责；发生重大事项的，发行人、保荐人应及时向深交所报告。深交所应对上述事项及时处理，发现发行人存在重大事项影响发行条件、上市条件的，应出具明确意见，并及时向中国证监会报告。

中国证监会做出予以注册决定后，发行人股票上市交易前，发现可能影响本次发行重大事项的，中国证监会可以要求发行人暂缓发行、上市；相关重大事项导致发行人不符合发行条件的，应撤销注册。中国证监会撤销注册后，股票尚未发行的，发行人应停止发行；股票已经发行但尚未上市的，发行人应按照发行价并加算银行同期存款利息返还股票持有人。

深交所认为发行人不符合发行上市条件或者信息披露要求，做出终止发行上市审核决定，或者中国证监会做出不予注册决定的，自决定做出之日起6个月后，发行人可再次公开发行股票并申请上市。

发行与承销

首次公开发行股票并在创业板上市，必须符合发行上市条件以及相关信息披露要求，依法经深交所发行上市审核，并报中国证监会注册。

发行人应于股票上市前5个交易日，在深交所网站和符合中国证监会条件的媒体披露下列文件：

（1）上市公告书。

（2）公司章程。

（3）深交所要求的其他文件。

刊登招股意向书或者招股说明书后，发行人应持续关注各类媒体对企业的相关报道和传闻，并及时向有关方面了解情况。若相关报道和传闻对企业股票及其衍生品交易价格或者投资决策产生较大影响的，应在上市首日刊登风险提示公告，对相关问题进行说明澄清，并提示广大投资者企业可能存在的主要风险。

根据《深圳证券交易所创业板首次公开发行证券发行与承销业务实施细则》，取得中国证监会予以注册的决定后，发行人和主承销商应及时向深交所报备发行与承销方案，具体包括发行方案、初步询价公告（如有）、投资价值研究报告（如有）、战略配售方案（如有）、超额配售选择权实施方案（如有）等内容。

深交所在收到发行与承销方案后 5 个工作日内无异议的，发行人和主承销商可依法刊登招股意向书，启动发行工作。

发行人和主承销商报送的发行与承销方案不符合《深圳证券交易所创业板首次公开发行证券发行与承销业务实施细则》的规定，或者所披露事项不符合相关信息披露要求的，应按照本所要求予以补正，补正时间不计入前款规定的 5 个工作日内。

首次公开发行证券采用直接定价方式的，发行人和主承销商向深交所报备发行与承销方案时，发行价格对应的市盈率不得超过同行业上市企业二级市场平均市盈率；已经或同时境外发行的，直接定价确定的发行价格不得超过发行人境外市场价格。如果发行人与主承销商拟定的发行价格高于上述任一值，或者发行人尚未盈利的，发行人和主承销商应当采用询价方式发行。

首次公开发行证券采用询价方式定价的，发行人和主承销商可在符合中国证监会相关规定和深交所、中国证券业协会自律规则的前提下，协商设置参与询价的网下投资者具体条件，并在发行公告中预先披露（见图 6–2）。

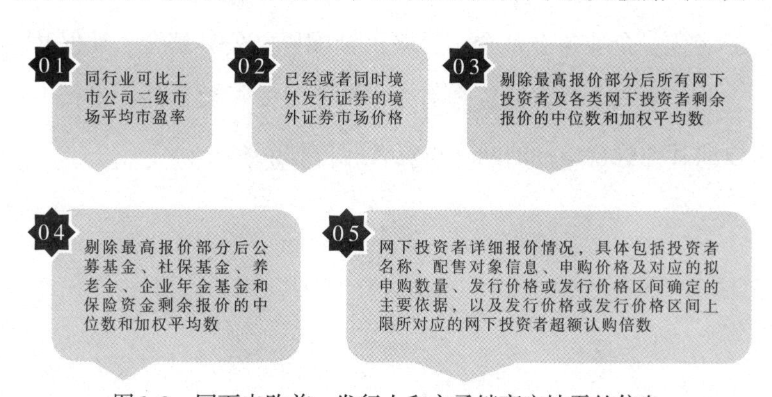

图6–2　网下申购前，发行人和主承销商应披露的信息

初步询价结束后，发行人和主承销商应当根据《深圳证券交易所创业板首次公开发行证券发行与承销业务实施细则》第十四条的规定，审慎确定发行价格（或者发行价格区间上限）。

发行人和主承销商确定发行价格区间的，区间上限与下限的差额不得超过区间下限的 20%。深交所可以根据市场情况，调整前述报价区间上限与下限差额的比例要求。

证券发行价格或发行价格区间确定后，发行人和主承销商应在 T–2 日（T 日为网上网下申购日）15:00 前向深交所提交发行公告或者中止发行公告，并在公告中说明发行人预计发行后总市值是否满足在招股说明书中明确选择的市值与财务指标的上市标准。

发行人和主承销商通过累计投标询价确定发行价格的，应根据网下投资者为其配售对象账户填写的申购价格和申购数量，审慎合理确定超额配售认购倍数及发行价格。网下投资者的申购报价和询价报价应当逻辑一致。

发行人和主承销商通过累计投标询价确定发行价格的，应在 T 日 21:00 前向深交所提交发行价格及网上中签率公告。未按上述规定提交的，应中止发行。中止发行后，符合《深圳证券交易所创业板首次公开发行证券发行与承销业务实施细则》第十六条第三款规定的，可重新启动发行。

发行人应安排不低于本次网下发行数量的 70% 优先向公募基金、社保基金、养老金、企业年金基金和保险资金配售。公募基金、社保基金、养老金、企业年金基金和保险资金有效申购不足安排数量的，发行人和主承销商可以向其他符合条件的网下投资者配售剩余部分。

第七章

北交所：专精特新“小巨人”企业登陆高地

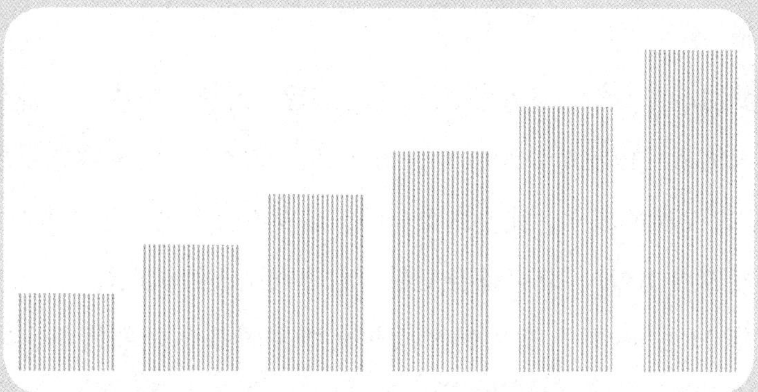

北交所IPO企业分析

2012 年 4 月，国务院发布《国务院关于进一步支持小型微型企业健康发展的意见》，第一次提出“专精特新”，即“鼓励小型微型企业发展现代服务业、战略性新兴产业、现代农业和文化产业，走‘专精特新’和与大企业协作配套发展的道路，加快从要素驱动向创新驱动的转变”。该《意见》还特别说明了“专精特新”企业的概念，是指具有“专业化、精细化、特色化、新颖化”特征的工业中小企业，同时要求企业规模符合《中小企业划型标准》的规定。

2019 年 4 月 7 日，《关于促进中小企业健康发展的指导意见》颁布，首次提出要培育一批主营业务突出、竞争力强、成长性好的专精特新“小巨人”企业。

为了贯彻培育专精特新小巨人企业的宗旨，继续支持中小企业创新发展，同时深化新三板改革，2021 年 9 月 3 日，成立了北京证券交易所有限责任公司。北交所的成立，让小微企业的快速发展有了更为合适的土壤。

2021 年 9 月 10 日，北京证券交易所官方网站上线试运行。

2021 年 11 月 19 日，发售的 8 只北交所主题基金全部售罄，完成了“开市首秀”。

2022 年 11 月 21 日，北交所首个指数——北证 50 成分指数正式发布实时行情。

2023 年 2 月 13 日，北京证券交易所融资融券交易业务正式上线。

2023 年 2 月 20 日，北京证券交易所正式启动股票做市交易业务。

2024 年 1 月 15 日，北交所公司和企业债券市场正式开市。

2024 年，4 月 22 日，北交所上线启用 920 代码号段功能。

可见，北交所自从上线就开启了快车道模式，目的就是加快自身建设，更有力地为中小企业保驾护航。截至 2024 年 3 月 1 日，北交所上市企业已达到 244 家，且均已披露 2023 年年报，营收总计 1739.54 亿元，同比增长 0.63%，归母净利润总计 126 亿元，同比下降 24.68%，扣非归母净利润总计 105.60 亿元，同比下滑 27.53%。虽然整体收入增速下降和利润增长为负，但根源在于北交所体量较大的公司在 2023 年受到市场影响较大，导致收入和利润降幅明显，而在北交所上市的大部分体量较小的公司 90% 都实现了盈利或维持了利润基本持平，且共有 30 家企业满足 2023 年营收和扣非归母净利润双双增长 20% 的目标（见图 7–1）。

收入中位数

2023年北交所上市企业收入中位数3.62亿元，归母净利润中位数0.39亿元，扣非归母净利润中位数0.33亿元。

营收数额分布

2023年北交所上市企业中，25家企业营收超10亿元（其中5家企业超50亿元），接近60%的企业收入超3亿元。23家企业2023年扣非归母净利润超1亿元（其中3家公司超5亿元），30%的企业扣非归母净利润超5000万元，另有26家企业亏损。

收入增速

2023年北交所上市企业中，10家企业收入增速超50%（其中3家企业达到及超100%），47家企业收入增速超20%，60%企业实现正增长。26家企业2023年扣非归母净利润增速超50%（其中10家企业超100%），超过20%的企业扣非归母净利润增速超20%，接近50%的企业实现正增长。

图7–1　2023年北交所上市企业营收数据

通过以上数据可以看出，北交所作为服务创新型中小企业和推动实体经济发展的重要平台，近年来在 IPO 市场上展现出了独特的竞争力。下面将从北交所 IPO 企业的排队情况、净利润分布、中介机构参与情况、地区分布与行业特点等多个方面进行深入分析，以期揭示北交所 IPO 市场的现状与发展趋势。

1. 排队企业情况与净利润分布

据统计北交所的IPO排队企业数量近年来持续增长。这些企业在提交IPO申请后，需要经过严格的审核程序，才能最终登录北交所。

这些排队企业的净利润分布呈现出多样化的特点。一方面，有相当一部分企业的净利润处于较高水平，显示出强大的盈利能力和发展潜力；另一方面，有一些企业的净利润较低甚至为负，这些企业可能在运营和盈利模式上存在一定的问题或挑战。然而，随着北交所审核标准的日益严格和市场环境的不断优化，未来这些排队企业的整体质量有望进一步提升。

2. 中介机构参与情况

在北交所IPO市场中，保荐人、律师事务所、会计师事务所等证券服务中介机构扮演着举足轻重的角色。他们通过提供专业的服务，来帮助发行人顺利完成IPO过程。

在保荐人方面，民生证券、开源证券等头部券商表现突出，拥有较多的IPO项目。这些券商凭借丰富的经验和专业的团队，为北交所输送了大量优质企业。

在律师事务所、会计师事务所方面，也涌现出了一批实力雄厚的机构，他们为IPO企业提供了全方位的服务，包括法律合规咨询、财务报告的审核等。

3. 地区分布与行业特点

从地区分布来看，北交所的IPO企业呈现出了多元化的特点。虽然不同地区的企业在产业特点、发展水平等方面存在差异，但这也使得北交所的IPO市场更加丰富多彩。一些经济发达地区的企业在IPO市场上表现活跃，而一些欠发达地区的企业则通过北交所实现了跨越式发展。

在行业分布方面，北交所的IPO企业涉及了众多领域，包括高端制造业、生物医药、新能源等战略性新兴产业。这些行业的发展前景广阔，为北交所的 IPO 市场提供了源源不断的动力。

4. IPO 市场表现与发展趋势

在北交所 IPO 市场的整体表现上，无论是企业的平均净利润，还是中介机构的项目数量，都呈现出稳健增长的态势。这反映出北交所作为服务创新型中小企业的平台，正在吸引越来越多的优质企业和中介机构参与其中。未来，随着市场环境的不断优化和政策的进一步支持，北交所的 IPO 市场有望继续保持繁荣发展的态势。

综上所述，北交所作为服务创新型中小企业的重要平台，将继续发挥其在推动实体经济发展和支持科技创新方面的独特优势，为更多优质企业提供上市融资的机会。同时，我们也期待更多的企业能够通过北交所这一平台实现自身的发展壮大，为我国的实体经济和创新型国家建设贡献更多的力量。

北交所上市条件

新三板财务分层运作模式，拥有基础层、创新层和精选层。随着精选层平移北交所后，创新层就成为向北交所输送企业上市的桥头堡。因此，新三板当下的基础层和创新层与北交所形成了层层递进的市场结构。

2023 年 9 月 1 日，《全国中小企业股份转让系统分层管理办法》颁布，优化了进层频次和财务条件，调整了非财务条件和降层安排，强化了规范要求和各方责任，为新三板创新层企业进入北交所提供了制度保障与技术支持。

新办法在进层时间上做了重大调整，由此前的每年 4 月 30 日启动定期调入，改为全国股转公司每年设置 6 次创新层进层安排。进层启动日分别为每年 1 月、2 月、3 月、4 月、5 月和 8 月的最后一个交易日。

2021 年 11 月 2 日，北京证券交易所发布《北京证券交易所交易规则（试行）》和《北京证券交易所会员管理规则（试行）》。2024 年 4 月 30 日，北京证券交易所发布《北京证券交易所股票上市规则（试行）》。

通过这些法律法规，可以总结出，发行人在北交所申请公开发行并上市，应符合下列条件：

（1）发行人为在全国股转系统（新三板）连续挂牌满 12 个月的创新层挂牌企业。

（2）符合中国证券监督管理委员会规定的发行条件。

（3）最近 1 年期末净资产不低于 5000 万元。

（4）向不特定合格投资者公开发行的股份不少于 100 万股，发行对象不少于 100 人。

（5）公开发行后，企业股本总额不少于 3000 万元。

（6）公开发行后，企业股东人数不少于 200 人，公众股东持股比例不低于企业股本总额的 25%；企业股本总额超过 4 亿元的，公众股东持股比例不低于企业股本总额的 10%。

（7）市值及财务指标符合本规则规定的标准。

（8）北交所规定的其他上市条件。

除上述条件外，发行人在北交所申请公开发行并上市，其净利润、营业收入、市值等财务指标应至少符合下列标准中的一项。

（1）市值 + 净利润 + 净资产收益率：预计市值不低于 2 亿元，最近 2 年净利润均不低于 1500 万元，且加权平均净资产收益率不低于 8%；或者最近 1 年净利润不低于 2500 万元且加权平均净资产收益率不低于 8%。

（2）市值 + 营业收入：预计市值不低于 4 亿元，最近 2 年营业收入平均不低于 1 亿元，且最近 1 年营业收入增长率不低于 30%，最近 1 年经营活动产生的现金流量净额为正。

（3）市值＋营业收入＋研发投入：预计市值不低于8亿元，最近1年营业收入不低于2亿元，最近2年研发投入合计占最近2年营业收入合计的比例不低于8%。

（4）市值＋研发投入：预计市值不低于15亿元，最近2年研发投入合计不低于5000万元。

因为北交所发行人为在全国股转系统（新三板）连续挂牌满12个月的创新层挂牌公司，因此发行人登陆北交所的前提是需要先登陆新三板。

申请与受理

发行人董事会应依法就本次股票发行具体方案、本次募集资金使用的可行性及其他必须明确的事项做出决议，并提请股东大会批准。发行人股东大会就本次股票发行事项做出决议，必须经出席会议股东所持表决权的2/3以上通过。发行人应对出席会议的持股比例在5%以下的股东表决情况单独统计并予以披露。发行人股东大会就本次发行股票做出的决议应包括以下事项：

（1）本次公开发行股票的种类。

（2）发行对象。

（3）定价方式、发行价格（区间）或发行底价。

（4）募集资金用途。

（5）发行前滚存利润的分配方案。

（6）决议有效期。

（7）对董事会办理本次发行具体事宜的授权。

（8）其他必须明确的事项。

根据《向不特定合格投资者公开发行股票并上市审核规则》，发行人申请股票公开发行并上市的，应按照规定聘请保荐人进行保荐，并委托保荐人通过审核系统报送下列文件：

（1）中国证监会规定的招股说明书、发行保荐书、审计报告、法律意见书、公司章程、股东大会决议等注册申请文件；

（2）上市保荐书；

（3）北交所要求的其他文件。

在提交发行上市申请文件前，发行人及其保荐人可就重大疑难、重大无先例事项等涉及业务规则理解与适用的问题，向北交所提出书面咨询，确需当面咨询的，应当预约。

北交所收到发行上市申请文件后，应核对申请文件是否无误，并在5个工作日内做出是否受理的决定。

发行上市申请文件齐备的，需出具受理通知。发行上市申请文件不齐备的，一次性告知需要补正的事项，补正时间最长不得超过30个工作日（多次补正的，补正时间累计计算）。北交所收到上市申请文件的时间以发行人最终提交补正文件的时间为准，且按照收到发行人上市申请文件的先后顺序予以受理。

除了发行上市申请文件不齐备且未按要求补正的不予受理外，还有3种情形北交所也不予受理：

（1）保荐人、律师事务所、会计师事务所等证券服务机构及其相关人员不具备相关资质；或者因证券违法违规，被采取认定为不适当人选、限制业务活动、一定期限内不接受其出具的相关文件等相关措施，尚未解除；或者因公开发行股票并上市、上市企业证券发行、并购重组业务涉嫌违法违规，或其他业务涉嫌违法违规，且对市场有重大影响被立案调查、侦查，尚未结案。

（2）发行人存在尚未实施完毕的股票发行、重大资产重组、可转换为股票的企业债券发行、收购、股票回购等情形。

（3）北交所规定的其他情形。

保荐人报送的发行上市申请文件在12个月内累计两次被不予受理的，自第二次收到不予受理通知之日起3个月后，才可报送新的发行上市申请文件。

发行人提交的发行上市申请文件的内容必须真实、准确、完整，并且发行上市申请文件被受理后，未经中国证监会或北交所同意，不得改动。发行上市申请文件自受理之日起，发行人及其控股股东、实际控制人、董事、监事和高级管理人员，以及保荐人、律师事务所、会计师事务所等证券服务机构及其相关人员，即须承担相应的法律责任。

北交所受理发行上市申请文件后，至中国证监会做出注册决定前，发行人应按照《北京证券交易所向不特定合格投资者公开发行股票并上市审核规则》（2024年修订）的规定，在北交所网站对预先披露的招股说明书、发行保荐书、上市保荐书、法律意见书、审计报告等予以更新并披露。

审核内容与程序

北交所设立有独立的审核部门，负责审核发行人公开发行并上市申请；设立上市委员会，负责对审核部门出具的审核报告和发行人的申请文件提出审议意见。

北交所主要通过向发行人提出审核问询、发行人回答问题的方式开展审核工作，以判断发行人是否符合发行上市条件和信息披露要求。在首轮审核问询发出后，发行人及其保荐机构、证券服务机构对本所审核问询存在疑问的，可与本所审核机构进行沟通；确需当面沟通的，应当预约。

发行人及其保荐人、律师事务所、会计师事务所等证券服务机构应按照审核问询要求，通过现场核验等方式进行必要的补充调查和核查，并及时、逐项回复审核问询事项，补充或者修改相应发行上市申请文件，要在收到审核问询之日起20个工作日内通过审核系统提交回复文件。预计难以在规定的时间内回复的，保荐人应及时提交延期回复申请，说明延期理由及具体回复时限，延期一般不超过20个工作日。

首轮审核问询后，若仍存在未清楚说明的疑问或者出现新疑问的，北交所审核机构收到发行人回复后10个工作日内可以继续提出审核问询（见图7–2）。

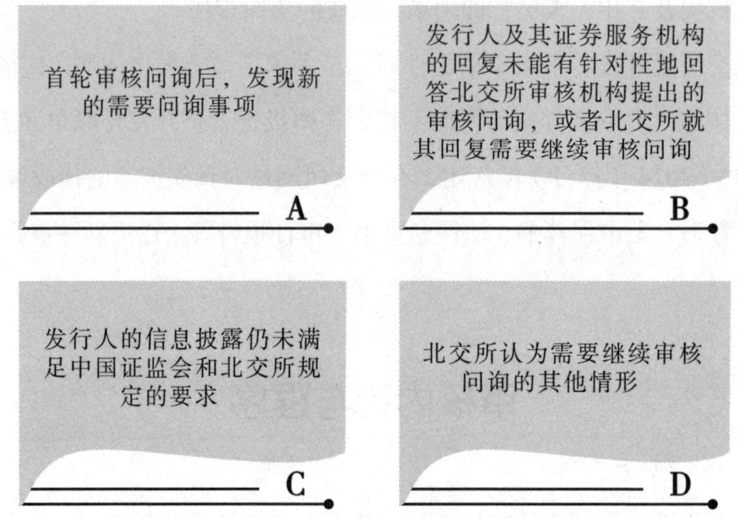

图7–2　首轮审核问询后，北交所仍会继续提出审核问询的情形

北交所在发行上市条件的审核中，会重点关注下列事项：

（1）发行人是否符合《北京证券交易所上市公司证券发行注册管理办法》及中国证监会规定的发行上市条件。

（2）发行人是否符合《北京证券交易所股票上市规则（试行）》及北交所规定的发行上市条件。

（3）保荐人、律师事务所、会计师事务所等证券服务机构出具的文件是否就发行人符合发行上市条件逐项发表明确意见，且具备充分的理由和依据。

北交所若对其中某一或某些事项存在疑问，发行人应按照北交所的要求做出解释说明，且保荐人、律师事务所、会计师事务所等证券服务机构应进行核查，并相应修改发行上市申请文件。

北交所在股票公开发行并上市的信息披露审核中，会重点关注以下事项：

（1）发行上市申请文件及信息披露内容是否达到真实、准确、完整的要求，是否符合中国证监会和北交所的要求。

（2）发行上市申请文件及信息披露内容是否包含对投资者作出投资决策有重大影响的信息，披露程度是否达到投资者作出投资决策所必需的水平，包括但不限于是否充分、全面披露相关规则要求的内容，是否充分揭示可能对发行人经营状况、财务状况产生重大不利影响的所有因素。

（3）发行上市申请文件及信息披露内容是否一致、合理和具有内在逻辑性，包括但不限于财务数据是否钩稽合理，是否符合发行人实际情况，财务信息与非财务信息是否相互印证，保荐机构、证券服务机构核查依据是否充分，能否对财务数据的变动或者与同行业企业存在的差异作出合理解释。

（4）发行上市申请文件披露的内容是否简明易懂，是否便于投资者阅读和理解，包括但不限于是否使用事实描述性语言，是否言简意赅、通俗易懂、逻辑清晰，是否结合发行人自身特点进行有针对性的信息披露。

北交所结合上市委员会审议意见，会出具发行人符合发行条件、上市条件和信息披露要求的审核意见或做出终止发行上市审核的决定。认为发行人符合发行上市条件和信息披露要求的，会将审核意见、发行人注册申请文件及相关审核资料报送证监会注册；认为发行人不符合发行上市条件或者信息披露要求的，会做出终止发行上市审核决定。

上市委员会认为发行人符合发行上市条件和信息披露要求，但要求发行人补充披露有关信息的，北交所审核机构会通知保荐人组织落实，并对落实情况进行核对，通报参会委员。发行人补充披露相关事项后，北交所会出具发行人符合发行条件、上市条件和信息披露要求的审核意见。

北交所会在自受理发行上市申请文件之日起 2 个月内形成审核意见，但发行人及其保荐人、律师事务所、会计师事务所等证券服务机构回复北交所审核问询的时间不计算在内，且时间总计不超过 3 个月。同时，《北京证券交易所上市公司证券发行上市审核规则》规定的终止审核、请示有权机关、落实上市委员会意见、暂缓审议、处理会后事项、实施现场检查、要求进行专项检查，并要求发行人补充、修改申请文件等情形，不计算在形成审核意见的时限内。

复审与复核

北交所任何发行人不符合发行上市条件或信息披露要求，做出终止发行上市审核决定，或者中国证监会做出不予注册决定的，自决定作出之日起 6 个月后，发行人才可再次提出公开发行股票并上市申请。

除了“终止”发行上市审核（或发行注册程序）这一种方式，还有“中止”发行上市审核（或发行注册程序），两种的具体区别将在下面详细阐述。被“终止”发行上市审核（或发行注册程序）的发行人，不只有等待 6 个月再次发起发行上市申请这一种方法，还可以进行复审，也将在下面详细阐述。

1. 审核中止

存在下列情形之一的，发行人、保荐人应当及时以书面形式报告北交所或者中国证监会，北交所或者中国证监会应中止相应发行上市审核程序或者发行注册程序：

（1）发行人及其控股股东、实际控制人涉嫌贪污、贿赂、侵占财产、挪用财产或者破坏社会主义市场经济秩序的犯罪，或者涉嫌欺诈发行、重大信息披露违法或者其他涉及国家安全、公共安全、生态安全、生产安全、公众健康安全等领域的重大违法行为，被立案调查或者被司法机关立案侦查，尚未结案。

（2）发行人的保荐人或签字保荐代表人以及律师事务所、会计师事务所等证券服务机构或相关签字人员因首次公开发行股票、上市企业证券发行、并购重组业务涉嫌违法违规，或者其他业务涉嫌违法违规且对市场有重大影响，正在被中国证监会立案调查，或者正在被司法机关侦查，尚未结案。

（3）发行人的保荐人以及律师事务所、会计师事务所等证券服务机构被中国证监会依法采取限制业务活动、责令停业整顿、指定其他机构托管、接管等措施，尚未解除，或者被北交所实施一定期限内不接受其出具的相关文件的纪律处分，尚未解除。

（4）发行人的签字保荐代表人、签字律师、签字会计师等证券服务机构签字人员被中国证监会依法采取认定为不适当人选等监管措施，或者证券市场禁入的措施，或者被北交所实施一定期限内不接受其出具的相关文件的纪律处分，尚未解除。

（5）发行人及保荐人主动要求中止发行上市审核程序或者发行注册程序，理由正当且经北交所或者中国证监会同意。

（6）注册申请文件中记载的财务资料已过有效期，需要补充提交。

（7）北交所规定的其他情形。

（8）中国证监会规定的其他情形。

上面所列情形消失后，发行人可提交恢复申请；因第（2）项规定情形中止的，保荐人即律师事务所、会计师事务所等证券服务机构按照有关规定履行复核程序后，发行人也可以提交恢复申请。

2. 审核终止

存在下列情形之一的，北交所或者中国证监会应终止相应发行上市审核程序或者发行注册程序，并向发行人说明理由：

（1）发行人撤回发行注册申请或者保荐人撤销保荐。

（2）发行人未在规定时限内回复北交所审核问询或者未对注册申请文件做出解释说明或者补充、修改。

（3）注册申请文件存在虚假记载、误导性陈述或者重大遗漏。

（4）发行人拒绝、阻碍或逃避中国证监会、北交所依法对发行人实施的检查、核查。

（5）发行人及其关联方以不正当手段严重干扰发行上市审核或发行注册。

（6）发行人法人资格终止。

（7）注册申请文件内容存在重大缺陷，严重影响投资者理解和发行上市审核或发行注册工作。

（8）发行人注册申请文件中记载的财务资料已过有效期且逾期 3 个月未更新。

（9）发行人发行上市审核程序中止超过北交所规定的时限或者发行注册程序中止超过 3 个月仍未恢复。

（10）北交所认为发行人不符合发行上市条件或者信息披露要求。

（11）中国证监会规定的其他情形。

3. 复审与复核

发行人对北交所做出的终止发行上市审核决定有异议的，可在收到终止审核决定后5个工作日内，向北交所申请复审。但因发行人撤销发行上市申请或者保荐人撤销保荐而终止审核的，发行人不得申请复审。发行人复审应提交下列文件：

（1）复审申请书。

（2）保荐人就复审事项出具的意见书。

（3）律师事务所就复审事项出具的法律意见书。

（4）北交所规定的其他文件。

北交所收到复审申请后20个工作日内，会召开上市委员会复审会议，审议复审申请。复审期间，原决定不受影响。

上市委员会复审会议认为申请复审理由成立的，北交所会对发行人的发行上市申请重新审核，审核时限自重新审核之日起算，北交所另有规定的除外；上市委员会复审会议认为申请复审理由不成立的，北交所将维持原决定。

对北交所做出的终止发行上市审核的决定，发行人只能提出一次复审申请。复审决议做出后，发行人不得再次申请复审。

注册与发行

北交所审核通过后，会向中国证监会报送发行人符合发行上市条件和信息披露要求的审核意见、相关审核资料和发行人的发行上市申请文件。

中国证监会在20个工作日内会对发行人的注册申请做出同意注册或者不予注册的决定。要求北交所进一步问询、要求保荐人和证券服务机构对有关事项进行核查、对发行人现场检查等方式，要求发行人补充、修改注册申请文件的时间不计算在内。

发行人在取得中国证监会予以注册的决定后，启动股票公开发行前，应在北交所网站披露招股意向书和招股说明书。还应及时更新信息披露文件内容，财务报表已过有效期的，应补充财务会计报告。

中国证监会作出予以注册决定后，发行人股票上市交易前，有发现可能影响本次发行的重大事项的，中国证监会可以要求发行人暂缓发行、上市；相关重大事项导致发行人不符合发行条件的，应撤销注册。中国证监会撤销注册后，股票尚未发行的，发行人应停止发行；股票已经发行但尚未上市的，发行人应按照发行价并加算银行同期存款利息返还股票持有人。

发行人公开发行股票，应聘请具有证券承销业务资格的证券公司承销。证券公司承销公开发行股票，应在依据相关法律法规的基础上、在依法制定的业务规则和行业自律规范内，制定出严格的风险管理制度和内部控制制度，以加强定价和配售过程管理，有效落实承销责任。

为股票发行出具相关文件的证券服务机构和人员，也应按照行业公认的业务标准和道德规范，严格履行法定职责，做好工作环节中的每个步骤，并对自己所出具文件的真实性、准确性和完整性承担责任（见图 7–3）。

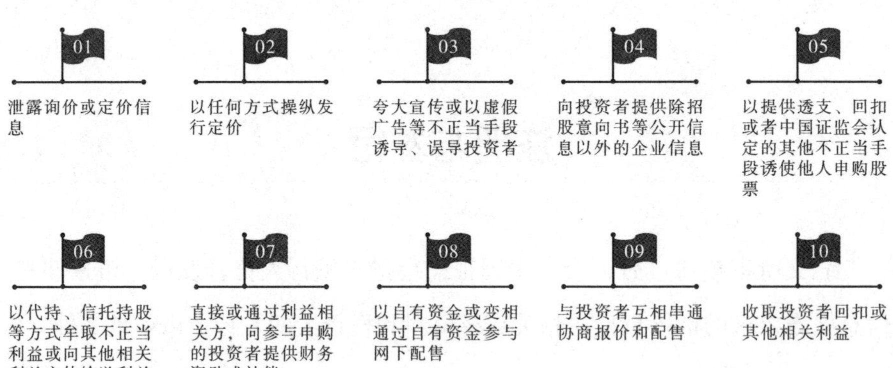

图7–3　发行人、承销机构及相关人员不得存在的行为

获得中国证监会同意注册后，发行人与主承销商应及时向北交所报送发行与承销方案。

发行人与主承销商应在招股说明书和发行公告中披露本次发行股票采用的定价方式，具体定价有三种方式：①发行人与主承销商自主协商后，直接定价；②通过合格投资者网上竞价；③结合参与询价的网下投资者的报价要求，进行网下询价。其中，网下询价的对象应是经中国证券业协会注册的网下投资者。

发行人必须对定价依据和定价合理性做出充分说明并披露，主承销商同样也应对本次发行价格的合理性、相关定价依据和定价方法的合理性、是否损害现有股东利益等发表明确意见。

公开发行股票可以向战略投资者——发行人的高级管理人员、核心员工配售。发行人应与战略投资者事先签署配售协议，发行人和主承销商应在发行公告中披露战略投资者的选择标准、向战略投资者配售的股票总量、占本次发行股票的比例以及持有期限等。

北交所转板科创板

发行人申请从北交所转板至科创板上市，必须在北交所连续挂牌一年以上，或者发行人在北交所上市之前，已在新三板精选层挂牌（原精选层挂牌时间与北交所上市时间合并计算）。

根据《北京证券交易所上市公司向上海证券交易所科创板转板办法》，发行人申请转板至科创板上市，还应符合以下条件：

（1）《科创板首次公开发行股票注册管理办法（试行）》第十条至第十三条规定的发行条件。

（2）转板企业及其控股股东、实际控制人不存在最近3年受到中国证监会行政处罚；因涉嫌违法违规被中国证监会立案调查，尚未有明确结论意见，或者最近12个月受到北交所、全国股转公司（新三板运营主体）公开谴责等情形。

（3）股本总额不低于3000万元。

（4）股东人数不少于1000人。

（5）公众股东持股比例达到转板企业股份总数的25%以上；转板企业股本总额超过4亿元的，公众股东持股的比例应为10%以上。

（6）董事会审议通过转板上市相关事宜决议公告日前连续60个交易日（不包括股票停牌日）通过北交所（或精选层）竞价交易方式实现的股票累计成交量不低于1000万股。

（7）市值及财务指标符合《北京证券交易所上市公司向上海证券交易所科创板转板本法》规定的标准。

（8）上交所规定的其他转板上市条件。

转板企业申请转板至科创板上市，应按照规定聘请保荐人进行保荐，并委托保荐人通过上交所发行上市审核业务系统报送转板申请文件（见图7–4）。转板申请文件的内容与格式必须符合中国证监会与上交所的相关规定。

图7–4　转板企业委托保荐人需要向上交所报送的转板文件

其中，股东大会决议必须包括的内容：①转入的交易所及板块；②转板的证券种类和数量；③以取得上交所做出同意上市决定为生效条件的股票在北交所终止上市事项；④决议有效期；⑤对董事会办理本次转板具体事宜的授权；⑥其他必须明确的事项。

转板上市保荐书必须包括的内容：①本次转板的基本情况；②对本次转板是否符合《北京证券交易所上市公司向上海证券交易所科创板转板办法》规定的转板条件的逐项说明；③对转板企业在科创板上市后持续督导工作的具体安排；④保荐人及其关联方与转板企业及其关联方之间的利害关系及主要业务往来情况；⑤是否存在可能影响公正履职情形的说明；⑥相关承诺事项；⑦中国证监会或者上交所要求的其他事项。

上交所收到转板申请文件后，会在5个工作日内审核申请文件的齐备性，并做出是否受理的决定。上交所受理转板申请文件当日，转板企业需通过上交所网站披露转板报告书、上市保荐书、法律意见书、审计报告等文件，并在上交所做出同意上市的决定前，按照《北京证券交易所上市公司向上海证券交易所科创板转板办法》及上交所的相关规定，对上述申请文件予以更新披露。

上交所同意转板上市的决定自做出之日起6个月内有效，转板企业应在决定有效期内完成上市的所有准备工作，并向上交所申请股票在科创板上市。并于上市前按照中国证券登记结算有限责任公司的相关规定，办理转板证券登记业务。

北交所转板创业板

发行人申请从北交所转板至创业板上市，必须在北交所连续挂牌一年以上，或者发行人在北交所上市之前，已在新三板精选层挂牌（原精选层挂牌时间与北交所上市时间合并计算）。

根据《深圳证券交易所关于北京证券交易所上市公司向创业板转板办法（试行）》，发行人申请转板至科创板上市，还应符合以下条件：

（1）《创业板首次公开发行股票注册管理办法（试行）》规定的发行条件。

（2）转板企业及其控股股东、实际控制人不存在最近3年受到中国证监会行政处罚；因涉嫌违法违规被中国证监会立案调查且尚未有明确结论意见，或者最近12个月受到北交所、全国股转公司（新三板运营主体）公开谴责等情形。

（3）股本总额不低于3000万元。

（4）股东人数不少于1000人。

（5）社会公众持有的企业股份达到企业股份总数的25%以上；企业股本总额超过4亿元的，社会公众持股的比例应达到10%以上。

（6）董事会审议通过转板上市相关事宜决议公告日前60个交易日（不包括股票停牌日）通过北交所（或精选层）竞价交易方式实现的股票累计成交量不低于1000万股。

（7）市值及财务指标符合《深圳证券交易所创业板股票上市规则》规定的上市标准，具有表决权差异安排的转板企业申请转板上市，表决权差异安排应当符合《深圳证券交易所创业板股票上市规则》的规定。

（8）深交所规定的其他上市条件。

转板企业所选的上市标准涉及市值指标的，以向深交所提交转板上市申请日前20个、60个和120个交易日（不包括股票停牌日）收盘市值算术平均值的孰低值为准。深交所可以根据市场情况，对转板上市条件和具体标准进行调整。

转板企业申请转板至创业板上市，应聘请同时具有保荐资格和深交所会员资格的证券公司作为保荐人，并与保荐人签订保荐协议，而后由保荐人向深交所提交转板申请文件（见图7-5）。

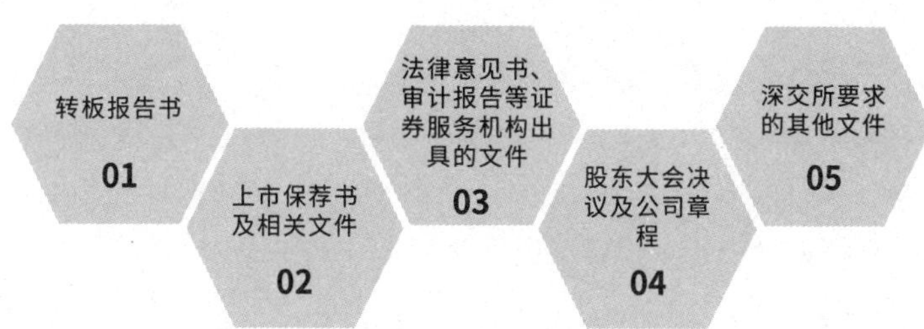

图7-5　转板企业委托保荐人需要向深交所报送的转板文件

其中，转板上市保荐书必须包括的内容：①本次转板的基本情况；②逐项说明本次转板是否符合《深圳证券交易所关于北京证券交易所上市公司向创业板转板办法（试行）》规定的转板条件；③对转板企业在创业板上市后持续督导工作的具体安排；④保荐人及其关联方与转板企业及其关联方之间的利害关系及主要业务往来情况；⑤是否存在可能影响公正履职情形的说明；⑥相关承诺事项；⑦中国证监会或者深交所要求的其他事项。

股东大会决议必须包括的内容有：①转入的交易所及板块；②转板的证券种类和数量；③以取得深交所做出同意上市决定为生效条件的股票在北交所终止上市的事项；④决议有效期；⑤对董事会办理本次转板具体事宜的授权；⑥其他必须明确的事项。

深交所同意转板上市的决定自做出之日起6个月有效，转板企业应在决定有效期内完成上市的所有准备工作，并向上交所申请股票在科创板上市。不仅如此，转板企业还要于上市前按照中国证券登记结算有限责任公司的相关规定，办理转板证券登记业务。

第八章

新三板：创新型中小企业的递进式发展阶层

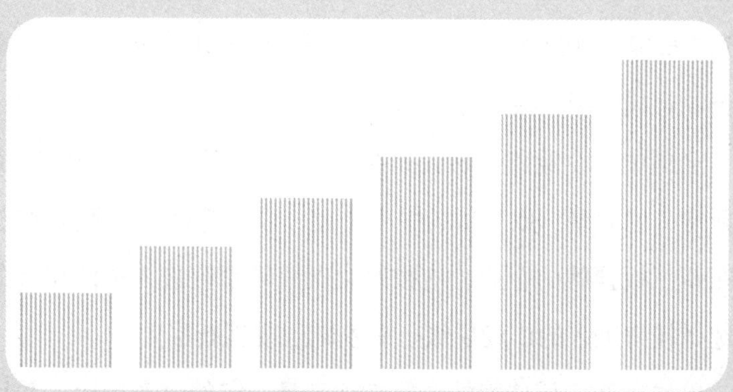

新三板挂牌条件

2023年，全国共有5926家新三板挂牌企业披露年报，由年报来看，其整体经营状况稳健。其中，专精特新中小企业数量增加，新挂牌企业、新进入创新层的企业以及筹备在北交所上市的企业质量持续提升。

2023年，新三板新挂牌企业的平均营业收入、净利润分别较2022年新增挂牌企业提高16.33%、39.84%；21家企业盈利破亿，业绩表现亮眼。

2024年5月11日，全国股转公司（新三板运营主体）发布数据显示，2023年新三板挂牌企业营业收入合计1.57万亿元，同比增长3.08%，并连续三年增长。

2024年6月4日，随着金昌树正式在新三板挂牌，近年来登陆新三板的企业达到100家。2024年上半年未过，新三板的挂牌企业已到百家，足可见中小企业对挂牌新三板的热情。

根据《全国中小企业股份转让系统股票挂牌规则》，全国股转系统主要服务创新型、创业型、成长型的中小企业，以支持这些企业高速发展。

申请在新三板挂牌的企业，应按照全国股转系统进入条件和自身情况与需求，选择挂牌进入的市场层级——基础层或创新层。

因此，申请在新三板挂牌的企业必须满足一定的财务指标，并且聘请证券公司、律师事务所、会计师事务所进行尽职调查和制作申报材料，除此之外，还需通过审核。注意，证券公司不是保荐人，而是主办券商，因此提供的是推荐服务，而非保荐服务。

挂牌企业进入新三板基础层，应当符合下列条件之一。

（1）净利润：最近 2 年净利润均为正，且累计不低于 800 万元，或者最近 1 年净利润不低于 600 万元。

（2）营业收入 + 营业收入增长率：最近 2 年营业收入平均不低于 3000 万元，且最近 1 年营业收入增长率不低于 20%。

（3）营业收入 + 现金流标准：最近 2 年营业收入平均不低于 5000 万元，且经营活动现金流量净额均为正。

（4）营业收入 + 研发投入：最近 1 年营业收入不低于 3000 万元，且最近 2 年累计研发投入占最近 2 年累计营业收入的比例不低于 5%。

（5）研发投入 + 投资标准：最近 2 年研发投入累计不低于 1000 万元，且最近 24 个月或挂牌同时定向发行获得的专业机构投资者股权投资金额不低于 2000 万元。

（6）做市 + 发行市值标准：挂牌时即采取做市交易方式，挂牌同时向不少于 4 家做市商在内的对象定向发行股票，按挂牌同时定向发行价格计算的市值不低于 1 亿元。

申请在新三板挂牌企业应是依法设立且合法存续的股份有限公司，持续经营不少于 2 个完整的会计年度，股本总额不低于 500 万元，并符合的条件还有：①股权明晰，股票发行和转让行为合法合规；②公司治理健全，合法规范经营；③业务明确，具有持续经营能力；④主办券商推荐并持续督导；⑤全国股转公司要求的其他条件。

同时，申请在新三板挂牌的企业，主要业务应属于人工智能、数字经济、互联网应用、医疗健康、新材料、高端装备制造、节能环保、现代服务业等新经济领域，以及基础零部件、基础元器件、基础软件、基础工艺等产业基础领域，且符合国家战略，拥有关键核心技术，主要依靠核心技术开展生产经营，具有明确可行的经营规划。

申请与受理

申请在新三板挂牌企业的董事会应依法就股票公开转让、挂牌的具体方案做出决议，并提交股东大会批准。股东大会应就股票公开转让并挂牌做出决议，且必须经出席会议的股东所持表决权的2/3以上通过。申请挂牌企业股东大会就本次发行股票做出决议应包括以下事项：

（1）申请股票公开转让并挂牌及有关安排。

（2）股票挂牌后的交易方式。

（3）股票挂牌的市场层级。

（4）授权董事会办理股票公开转让并挂牌的具体事宜。

（5）决议有效期。

（6）挂牌前滚存利润的分配方案。

（7）其他必须明确的事项。

申请挂牌企业、主办券商、证券服务机构应按照中国证监会及全国股转系统（新三板）相关规定，制作、提交股票公开转让并挂牌申请文件。

自申请文件提交之日起，申请挂牌企业及其控股股东、实际控制人、董事、监事、高级管理人员，以及主办券商、证券服务机构及相关人员即承担相应法律责任。未经全国股转公司（新三板运营主体）同意，申请文件受理后不得更改。

公开转让并挂牌申请文件包括四个部分：

（1）公开转让说明书及授权文件。①公开转让说明书；②申请挂牌企业关于公开转让并挂牌（及定向发行）的申请报告；③申请挂牌企业董事会有关公开转让并挂牌（及定向发行）的决议；④申请挂牌企业股东大会有关公开转让并挂牌（及定向发行）的决议；⑤申请挂牌企业监事会对公开转让说明书（及定向发行说明书）真实性、准确性、完整性的书面审核意见。

（2）主办券商相关文件。①主办券商关于申请挂牌企业股票公开转让并挂牌（及定向发行）的推荐报告；②主办券商与申请人签订的推荐挂牌并持续督导协议；③尽职调查报告；④主办券商关于本次申报中介机构及其签字人员符合执业条件要求的说明与相关证明文件。

（3）证券服务机构相关文件。①财务报表及审计报告；②申请挂牌企业原始财务报表与申报财务报表的差异比较表，以及注册会计师对差异情况出具的意见（如有）；③申请挂牌企业律师关于公开转让并挂牌（及定向发行）的法律意见书；④申请挂牌企业设立时和报告期的资产评估报告（如有）。

（4）其他相关文件。①申请挂牌企业设立文件；②特定行业（或企业）管理部门出具的相关意见（如有）；③定向发行说明书；④承诺事项。

全国股转公司收到申请文件后，将核对齐备性，并在5个交易日内做出受理或不予受理的决定。申请文件必须齐备，这样全国股转公司才会做出受理决定。若出现申请文件类目不齐备、内容不完整、与法律规定的文件形式不相符，以及其他类错误的情况，全国股转公司将一次性告知需要补正的事项。补正时限最长不超过30个交易日，多次补正的，时间累计计算。还有一些情况，则不存在修正或继续修正选项，全国股转公司将直接不予受理（见图8-1）。

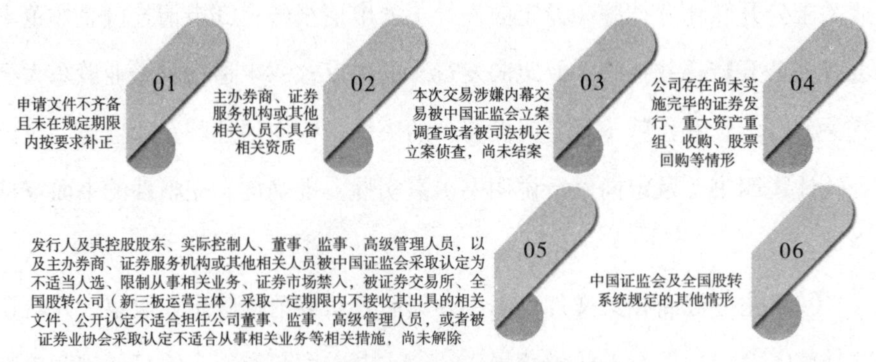

图8-1　全国股转公司不予受理的情况

审核内容与方式

全国股转公司（新三板运营主体）设立有专门的审核机构，对申请挂牌企业的股票公开转让并挂牌申请文件进行审核。

全国股转公司设立由专业人员组成的挂牌委员会，也可以根据实际情况聘请外界专业人士，整体挂牌委员会的委员组成不超过 25 名。

全国股转公司通过对申请文件的审核，督促申请挂牌企业真实、准确、完整地披露信息，并让主办券商、证券服务机构切实履行信息披露把关责任；督促申请挂牌企业及其主办券商、证券服务机构提高信息披露质量，以便于投资者在信息充分的情况下作出投资决策。

全国股权公司在信息披露审核中一般会重点关注的事项如下：

（1）申请文件及信息披露内容是否达到真实、准确、完整的要求，是否符合中国证监会、全国股转系统有关要求。

（2）申请文件及信息披露内容是否包含对投资者做出投资决策有重大影响的信息，披露程度是否达到投资者作出投资决策所必需的水平，包括但不限于：①是否充分、全面披露相关规则要求的内容；②是否充分揭示可能对申请挂牌企业经营状况、财务状况产生重大不利影响的所有因素。

（3）申请文件及信息披露内容是否一致、合理和具有内在逻辑性，包括但不限于：①财务数据是否钩稽合理，是否符合申请挂牌企业的实际情况；②财务信息与非财务信息是否相互印证；③主办券商、证券服务机构核查依据是否充分，能否对财务数据的变动或与同行业企业存在的差异作出合理解释。

全国股转公司主要通过查阅申请文件、提出问题等方式进行审核。

全国股转公司经审核认为申请文件存在以下情形之一的，可以向申请挂牌企业、主办券商及证券服务机构提出审核问询（见图 8-2）。

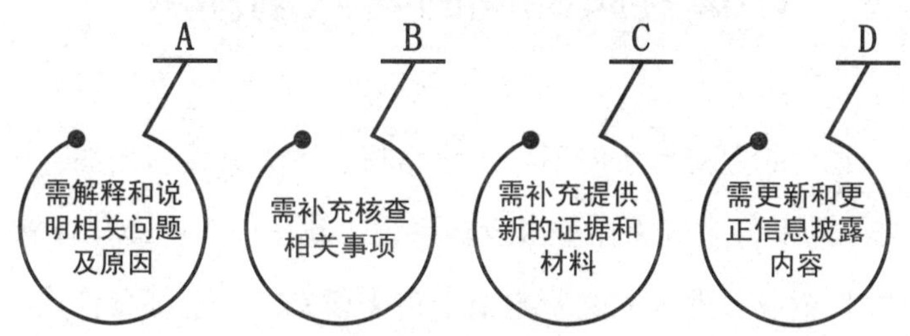

图8-2　全国股转公司向申请挂牌企业、主办券商及证券服务机构提出审核问询的内容

全国股权公司提出审核问询之后，申请挂牌企业及其主办券商、证券服务机构应按照全国股权公司的审核问询进行必要的补充披露、补充说明或补充调查、核查，要及时、逐项回复审核问询事项，并更新相应文件。

全国股权公司在收到申请挂牌企业及其主办券商、证券服务机构问询回复后，经审核存在以下情形之一的，可以继续提出审核问询：

（1）发现新的需要问询事项。

（2）回复内容未能有针对性地回答全国股转公司提出的审核问询。

（3）信息披露仍未满足中国证监会或全国股转公司规定的要求。

（4）全国股转公司认为需要继续审核问询的其他情形。

全国股转公司会在自受理文件之日起 2 个月内出具审核意见。申请挂牌企业及其主办券商、证券服务机构回复问询或更新申请文件的时间，实施检查和专项检查的时间，均不计算在规定的时限内。全国股转公司经审核认为申请挂牌企业符合公开转让条件、挂牌条件、信息披露要求，不需要进一步提出审核问询的，将出具同意公开转让并挂牌的审核决定。全国股转公司经审核认为申请挂牌企业不符合公开转让条件、挂牌条件或信息披露要求的，将作出终止审核决定。

申请挂牌的同时进入创新层

根据《北京证券交易所向不特定合格投资者公开发行股票注册管理办法》，北交所的发行人应为在全国股转系统（新三板）连续挂牌满 12 个月的创新层挂牌企业。即向北交所申请上市需要有 2 个前提条件：①已经在新三板挂牌满 12 个月；②申报时已成为新三板创新层企业。因此，对于将北交所视为 IPO 首选地的企业而言，挂牌新三板、以层层递进方式登录北交所，仍是当前最主要的上市路径。

全国股转系统设置有基础层、创新层和精选层，将符合不同条件的挂牌企业分别纳入不同市场层级管理。

成为新三板创新层企业有两种途径：①挂牌时符合条件的企业直接申请进入创新层；②挂牌时暂符合基础层，待后期符合创新层条件后，调入创新层（见图 8–3）。

根据《全国中小企业股份转让系统分层管理办法》，申请挂牌企业进入新三板创新层，应符合下列条件之一：

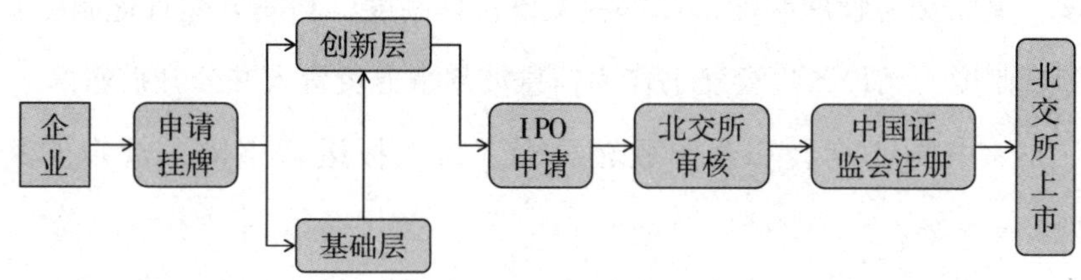

图8-3　由新三板到北交所的上市路线

（1）净利润＋加权平均净资产收益率＋股本总额。最近2年净利润均不低于1000万元，最近2年加权平均净资产收益率平均不低于6%，截至进层启动日的股本总额不少于2000万元。

（2）营业收入＋年复合增长率＋股本总额。最近2年营业收入平均不低于8000万元，且持续增长，年均复合增长率不低于30%，截至进层启动日的股本总额不少于2000万元。

（3）研发投入＋融资金额＋股票市值。最近2年研发投入累计不低于2500万元，截至进层启动日的24个月内，定向发行普通股融资金额累计不低于4000万元（不含以非现金资产认购的部分），且每次发行完成后以该次发行价格计算的股票市值均不低于3亿元。

（4）平均股票市值＋股本总额＋做市商。截至进层启动日的120个交易日内，最近有成交的60个交易日的平均股票市值不低于3亿元；采取做市交易方式的，截至进层启动日做市商家数不少于4家；采取集合竞价交易方式的，前述60个交易日通过集合竞价交易方式实现的股票累计成交量不低于100万股；截至进层启动日的股本总额不少于5000万元。

根据《全国中小企业股份转让系统分层管理办法》，申请挂牌企业进入创新层，还应当同时符合以下条件：

（1）公司最近1年期末净资产不为负值。

（2）公司治理健全，截至进层启动日，已制定并披露经董事会审议通过的股东大会、董事会和监事会制度、对外投资管理制度、对外担保管理制度、关联交易管理制度、投资者关系管理制度、利润分配管理制度和承诺管理制度，已设董事会秘书作为信息披露事务负责人并公开披露。

（3）中国证监会和全国股转公司（新三板运营主体）规定的其他条件。

2023年1月12日，华翔联信成功挂牌新三板，即同时直接进入创新层。该公司以每股6.12元的价格向4名认购对象定向发行196.08万股，融资1200万元。

基础层挂牌企业进入创新层

全国股转公司（新三板运营主体）制定了客观、差异化的各层级进入和调整条件，并对挂牌企业所属市场层级实行了定期和即时调整机制。

全国股转公司自进层启动日起开展进层实施工作。基础层挂牌企业披露最近一个会计年度的财务报告后，符合创新层进层条件的，可以通过主办券商提交进入创新层的材料。主办券商为挂牌企业提交进入创新层的材料前，应核查挂牌企业是否符合《全国中小企业股份转让系统分层管理办法》第七条至第十条的规定。

仅根据《全国中小企业股份转让系统分层管理办法》第七条第三项进入创新层的挂牌企业，应披露符合相关条件的公告和会计师事务所的专项意见，来充分说明研发费用归集范围及相关会计处理的合理性。

挂牌企业存在资金占用、违规对外担保或者权益被控股股东、实际控制人严重损害等情形的，主办券商应当在相关情形已完成整改、消除影响后，再为挂牌企业提交进入创新层的材料。

全国股转公司要求挂牌公司及其董事、监事、高级管理人员、股东、实际控制人对有关事项作出解释、说明、更正和补充，要求主办券商、会计师事务所、律师事务所、其他证券服务机构进行核查的，在没有明确结论意见之前，暂不将挂牌企业调入创新层。

全国股转公司每年设置6次创新层进层安排，进层启动日分别为每年1月、2月、3月、4月、5月和8月的最后一个交易日。以每年8月最后一个交易日为进层启动日的挂牌企业，还应同时符合以下条件：

（1）当年所披露的中期报告的财务会计报告应经符合《中华人民共和国证券法》规定的会计师事务所审计，审计意见应为标准无保留意见。

（2）当年所披露的中期报告载明的营业收入和净利润均不低于上年同期水平。

挂牌企业正式进入创新层前，全国股转公司会在全国股转系统网站公示拟进层的企业名单。挂牌企业在名单公示后的2个交易日内，可以以事实认定有误为由申请异议。全国股转公司履行相应程序后，会作出进层决定并公告。

挂牌企业进入创新层按规定应当由全国股转系统挂牌委员会审议的，全国股转公司会结合挂牌委员会审议意见，作出进层决定。

挂牌企业对进层决定存在异议的，可以自决定公告之日起5个交易日内申请复核。复核期间，全国股转公司作出的进层决定不停止执行。

在新三板基础层挂牌的企业可以被调入创新层，同时创新层挂牌的企业也会因条件不符合等因素被降层至基础层。

创新层挂牌企业出现《全国中小企业股份转让系统分层管理办法》第十四条规定的降层情形的，全国股转公司自该情形认定之日起5个交易日内启动降层调整工作。全国股转公司履行相应程序后，会作出降层调整决定并公告。

创新层挂牌企业调整至基础层按规定应当由挂牌委员会审议的，全国股转公司会结合挂牌委员会审议意见，作出降层调整决定。

挂牌企业对降层调整决定存在异议的，可以自决定公告之日起5个交易日内申请复核。复核期间，全国股转公司作出的降层调整决定暂不执行。

申请北交所上市的直联审核监管机制

由于北交所上市企业必须在新三板挂牌满12个月，那么对于尚没有在新三板挂牌，但又能满足北交所上市条件的企业而言，多等12个月显然是不必要的。因此，为了满足这部分企业尽快在北交所上市的需求，北交所于2022年11月推出直联审核监管机制。

直联审核监管机制即企业可在新三板挂牌的同时，进行北交所上市审核，但仍需满足新三板挂牌满1年的规定。

可见，直联机制是北交所和新三板内部通过对直联企业全链条审核、监管、服务等，来实现各业务环节的无缝对接，以支持直联企业挂牌满1年后迅速完成发行上市。具体而言就是实现“12（个月）+1（个月）”上市审议的工作目标，即在全国股权系统挂牌满12个月后，再通过1个月的审核即来到北交所上市委员会审议环节（见图8–4）。

可以享受直联审核的企业是有所限制的，必须符合国家产业政策和北交所市场定位。充分体现服务国家战略、支持科技创新导向、优先支持新一代信息技术的企业将在被允许的范围内，如高端装备制造、新材料、新能源汽车、新能源、节能环保、数字创意、生物、相关服务业等战略新兴产业领域的企业。不在允许范围内的领域包括金融、类金融、房地产企业、学前教育、学科类培训业务、产能过剩行业或者《产业结构调整指导目录》规定的淘汰类行业。

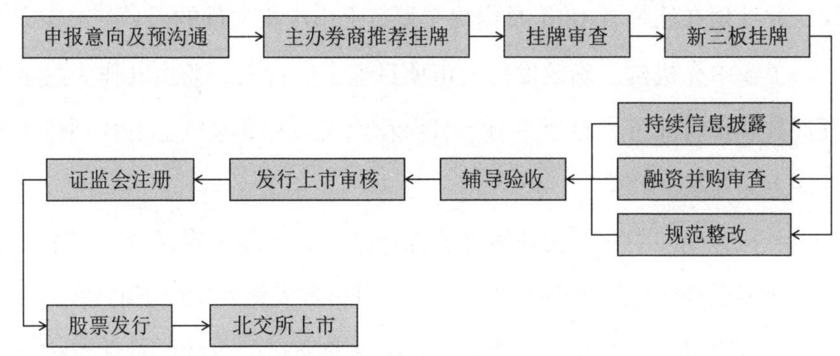

图8-4　直联审核监管业务全流程

具体如何判断申请挂牌企业和推荐券商论证的企业主营业务是否属于战略新兴产业领域，可以参考的维度有：

①企业主要产品和服务是否属于国家发展改革委发布的《战略性新兴产业重点产品和服务指导目录》；

②企业细分行业是否属于国家统计局发布的《战略性新兴产业分类》的范围；

③企业的核心技术专利是否属于国家知识产权局发布的《战略性新兴产业分类与国际专利分类参照关系表》的范围；

④按照《挂牌公司投资型行业分类指引》判断；

⑤企业是否获得过“国家科学技术奖”、专精特新“小巨人”制造业“单项冠军”等奖项称号；

⑥企业主营业务是否是“十四五”规划或国家政策文件明确支持的行业、产业。

申请挂牌企业除符合国家产业政策和北交所市场定位外，还需满足下列要求，才能适用直联机制申请：

（1）申请挂牌时已满足北交所四套财务上市标准之一，且报告期内不存在重大违法违规等发行上市负面清单规定的情形。

（2）有明确的北交所发行上市计划，已与中介机构签订发行上市服务协议，并计划在挂牌后18个月内提交发行上市申报文件的。

（3）各中介机构已确定发行上市项目签字负责人，并由其作为签字人员开展挂牌推荐业务，且至少有1名保荐代表人有2家以上IPO项目（含精选层）保荐签字经验。

（4）挂牌期间中介机构团队能够保持稳定，不得出现任意一家中介机构发生变更或者任意一家中介机构两名项目负责人均发生变更的情形。

（5）自愿接受并配合全国股转公司（北交所运营主体）直联审核监管的各项安排。

全国股转公司将综合考虑企业市场环境和经营情况变化等因素，对相关指标进行动态调整。后续工作中，全国股转公司还将进一步研究将符合条件的存量挂牌企业纳入直联通道的具体工作安排。

第九章
借壳上市

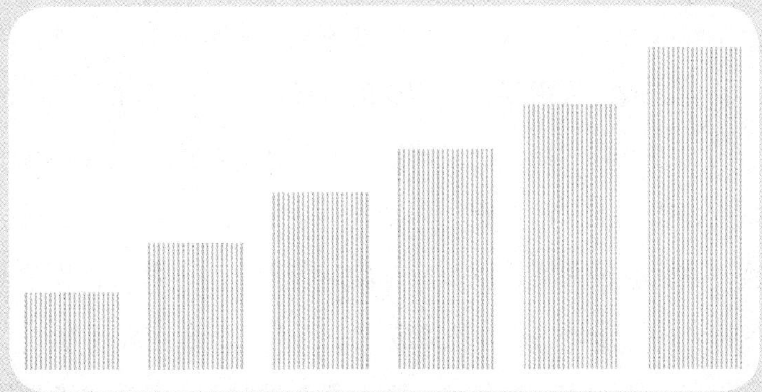

对收购人的要求

借壳上市是一家非上市企业获取另一家已上市企业（壳公司）的控制权，然后利用这家上市企业的地位，使其母公司的资产得以上市。在这个过程中，非上市企业通常会将资产注入壳公司，并取得一定程度的控股权。通过这种方式，非上市企业就可以绕开烦琐的IPO程序，更快地进入资本市场。

借壳上市的主要动机在于“以金钱换时间”，因此被称为“曲线上市”。收购人既可以通过取得股份的方式成为一个壳公司的控股股东，也可以通过投资关系、协议或其他安排的途径成为一个上市企业的实际控制人，还可以同时采取上述方式和途径取得壳公司控制权。

借壳上市对收购人的要求主要体现在资质、财务实力、业务合规性等多个方面。首先，收购人需要具备相应的资质，包括但不限于良好的商业信誉、健全的财务体系和稳定的经营能力。其次，收购人需要拥有足够的财务实力来支持借壳上市的过程，包括支付收购壳公司的费用、进行必要的尽职调查、整合壳公司资源以及后续的运营资金等。最后，收购人需要确保其业务符合相关法律法规和政策要求，不存在违法违规行为。

在进行借壳上市的实际操作中，并非所有的收购人都能够满足借壳上市的条件。根据《上市公司收购管理办法》第六条的规定，任何人都不能利用上市企业的收购行为损害被收购企业及其股东的合法权益。有下列情形之一的，不得收购上市企业：

（1）收购人负有数额较大债务，到期未清偿，且处于持续状态。

（2）收购人最近3年有重大违法行为或者涉嫌有重大违法行为。

（3）收购人最近3年有严重的证券市场失信行为。

（4）收购人为自然人的，存在《中华人民共和国公司法》第一百四十七条规定的情形。

（5）法律、行政法规规定以及中国证监会认定的不得收购上市企业的其他情形。

海底捞选择借壳上市的方式进入资本市场。在这个过程中，海底捞作为收购人，满足了借壳上市对收购人的各项要求。首先，海底捞作为业内知名企业，拥有良好的商业信誉和稳健的财务体系，这为其成功实施借壳上市提供了有力保障。其次，海底捞拥有足够的财务实力来支持整个借壳上市过程，包括支付收购费用、进行尽职调查以及后续的运营投入等。最后，海底捞的业务也符合相关法律法规和政策要求，不存在违法违规行为，保障了其借壳上市的合法性和合规性。

通过借壳上市，海底捞成功实现了快速上市的目标，提升了品牌影响力，并获得了更多的融资机会。这一成功案例表明，只要收购人满足借壳上市的相关要求，就能够通过这种方式实现快速进入资本市场的目标，并为企业的发展注入新的动力。

需要注意的是，每个借壳上市的案例都有其独特性和复杂性。因此，在实际操作中，收购人需要充分了解借壳上市的相关法律法规和政策要求，并制订科学的战略规划和实施方案，以确保借壳上市的顺利进行和企业的稳健发展。

借壳上市的条件

借壳上市是一种企业通过收购已上市公司（壳公司）的方式，取得壳公司的控制权，然后将自身的资产和业务注入其中，从而达到间接上市目的的方式。这种方式通常比 IPO 更快捷，但也需要满足一定的条件。

首先，借壳上市需要满足基本的法律法规要求。收购人必须具备合法的经营资格，并且其业务需符合国家的产业政策和法律法规的规定。此外，收购行为本身也需要符合证券市场的相关法规，如信息披露、交易公平等原则。

其次，借壳上市需要确保壳公司的质量和合规性。壳公司应无重大违法违规记录，股权结构清晰，无未决诉讼或仲裁等法律纠纷。同时，壳公司的经营状况应相对稳定，无重大财务风险。

再次，收购方需要有足够的实力和资源来完成借壳上市，包括资金实力、管理团队的运营能力、资源整合能力等。收购人需要有能力对壳公司进行必要的改造和整合，使其能够承载自己的业务和资产，并实现良好的经营效果。

最后，借壳上市还需要得到监管部门的批准。在提交借壳上市申请后，监管部门会对收购方和壳公司的资质、交易方案等进行审查。只有在符合相关规定并获得批准后，借壳上市才能得以实施。

以上是收购行为需要满足的一些条件，如果满足了相应的要求，再符合以下规定的条件，收购人就可以着手进行借壳上市相应的准备工作：

（1）壳公司的控制权发生变化；置入资产超过壳公司前 1 年资产规模

的 100%。

（2）符合《上市公司重大资产重组管理办法》第十一条和第四十三条的要求；收购人购买的资产所对应的经营实体持续经营时间应在 3 年以上，最近 2 个会计年度净利润均为正数且累计超过 2000 万元。

2024 年，融创中国成功通过借壳上市的方式实现了快速进入资本市场的目标。在这一案例中，融创中国作为收购人，具备强大的资金实力和管理团队，有能力对壳公司进行必要的改造和整合。同时，其选择的壳公司也符合相关法规要求，无重大违法违规记录，股权结构清晰。最后，融创中国的借壳上市方案也得到了监管部门的批准和市场的认可。

通过借壳上市，融创中国成功实现了上市目标，并获得了更多的融资机会。这一案例表明，只要满足相关条件并得到监管部门的批准，企业就可以通过借壳上市的方式实现快速进入资本市场的目标。

需要注意的是，收购人进行上市企业的收购，应聘请在中国注册的具有从事财务顾问业务资格的专业机构担任财务顾问。收购人未按照相关规定聘请财务顾问的，不得收购上市企业。

综上所述，企业在考虑借壳上市时，应充分了解相关法律法规和政策要求，审慎评估自身实力和资源，从而制订科学的战略规划和实施方案。同时，也需要与监管部门保持密切沟通，确保借壳上市过程的合规性和顺利进行。

借壳上市的实操流程

借壳的过程就是非上市企业收购壳公司股份并取得控股权的过程，此过程最主要的目的就是获取目标企业（壳公司）的上市资格。

借壳上市共有 2 种方式可以让非上市企业掌控壳公司，分别为“取得控制权”和“资产重组”，两种方式有各自不同的实施路径和方法（见图 9–1）。

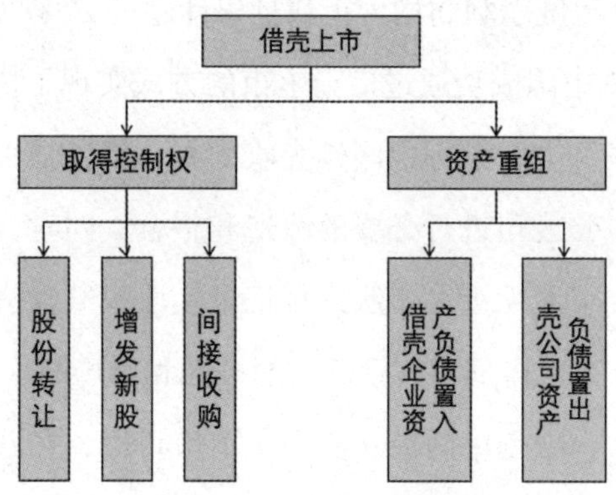

图9–1　借壳上市的两种方式

下面，再从借壳方（收购人）的角度，以实操层面为基础，详细分析企业借壳上市的操作流程，其涵盖以下 4 个阶段。

1. 准备阶段

（1）拟定收购的壳公司标准，初选“壳”对象。

（2）聘请中介机构。

（3）股权转让双方（借壳方与壳公司）经洽谈就壳公司股权收购、资产置换及职工安置方案达成原则性意向并签署保密协议。

（4）尽职调查。

（5）借壳方、壳公司分别完成财务报告审计。

（6）完成对借壳方拟置入资产、壳公司拟置出资产的评估。

（7）确定收购及资产置换最终方案。

（8）起草《股权转让协议》与《资产置换协议》。

（9）借壳方董事会、股东大会审议决议；壳公司董事会、股东大会审议决议。

（10）壳公司向结算公司提出拟转让股份查询及临时保管申请。

2. 协议签订及报价阶段

（1）借壳方与壳公司签订《股份转让协议》；借壳方与壳公司签订《资产置换协议》。

（2）借壳方签署《收购报告书》报送证券主管部门并公告；壳公司签署《权益变动报告书》并公告。

（3）壳公司刊登关于收购的提示性公告，并通知召开临时董事会。

（4）借壳方签署并报送中国证监会《免要约收购申请报告》（同时准备《要约收购报告书》备用，并做好融资安排，如没有获得豁免，则履行要约收购义务）。

（5）壳公司向国资主管部门报送国有股转让申请文件（如需要）。

（6）确定收购及资产置换最终方案。

3. 实施阶段

（1）中国证监会审核通过重大资产重组方案，在制定证券报纸、网站全文刊登《重大资产置换报告书》。

（2）中国证监会对《收购报告书》审核无异议，在制定证券报纸、网站刊登全文（审核期 1 个月内）。

（3）国有股权转让获得国资委批准（审核期 3 ～ 6 个月，如需要）。

（4）中国证监会（和国资委）同意免要约收购或否定免要约收购。

（5）双方向交易所申请股权转让确认。

（6）实施重大资产置换，并办理股权过户。

（7）刊登完成资产置换、股权过户公告。

4. 整理阶段

（1）召开壳公司股东大会、董事会、监事会，改组董事会、监事会和高级管理人员。

（2）按照《中国证券监督管理委员会关于对拟发行上市企业改制情况进行调查的通知》，向壳公司所在地证监局报送规范运作情况报告。

（3）聘请具有主承销商资格的证券公司进行辅导，并通过壳公司所在地证监局检查验收。

（4）完成借壳上市的上市企业申请发行新股或证券。

选壳、保壳、育壳

从理论上来说，只要是上市企业就有可能成为壳公司。但是，有些上市企业经营业绩良好，是不可能“沦落”为壳公司的；而有些企业因经营状况不好，或者所在领域不对，无法被选为壳公司。那么，借壳方（收购人）更偏好选择什么样的壳公司呢？他们通常会借助以下4个方面进行选择。

（1）市值大小。壳公司的市值大小是评估“壳”好坏的首选标准。因为借壳方重组后的股权比例取决于自身估值大小和壳公司市值。通常而言，壳公司市值越小，重组后借壳方股东占比越高，后续上市后分享市值财富越多，股份融资空间也就越大。

（2）股本大小。在壳公司市值确定的前提下，股本越小、估价越高的壳公司越好。尽管重组后，对股比及估值角度并无实质影响，但小股本意味着重组后每股收益高，容易得到股东及监管的认可。同时，小股本的每股收益高，对于后续经营的压力就会较小，后续发股融资空间也就较大。

（3）财务状况。壳公司的财务结构情况如何，直接关系着交易能否成功。财务结构状况良好的壳公司不宜成为借壳对象，而财务状况过于差的壳公司因为之后资产重组的成本过高，也不宜成为借壳对象。

（4）经营业绩。处于行业中下游水平的经营业绩较差的壳公司，因为缺乏竞争力，但又不十分差的企业往往会成为目标壳公司。

如果将借壳上市比作借壳方的再一次创业，那么选壳的过程就如同是打天下阶段，而保壳和育壳阶段就是坐天下阶段。

因为在借壳上市中，借壳方只是对壳公司的“壳”感兴趣，而非其自身资产。因此，一旦借壳方获得了壳公司的控制权，就会选择对壳公司的董事会进行重组，并剥离其不良资产，同时注入优良资产，为后续的资本运作提供条件，这个过程就被称为保壳和育壳。通常包括以下 3 个步骤：

首先是清壳。这是壳公司资产剥离的过程，即剥离壳公司原有的一些不良资产或积压资产，使壳公司通过转让不良资产减少亏损。

其次是资产注入。将新股东（借壳方）的优质资产注入壳公司，通过资产重组，壳公司主要得到的收益将是优质资产所产生的新利润，通常来自 2 个方面：①资产剥离所得的资金；②通过发行债券和股票所获得的资金。

最后是业务整合。此环节的好坏将直接影响借壳上市交易之后的企业表现，是借壳上市后续运作的主体。

在整个借壳上市过程中，选壳、保壳、育壳是相互关联、相互影响的。只有做好这些环节的工作，才能确保借壳上市的顺利进行和成功实施。在这个过程中，借壳方需要具备敏锐的市场洞察力和强大的资源整合能力，以应对可能出现的风险和挑战。

借壳上市方案

通过本章前面几节的讲述，以及对借壳上市的条件、基本流程的介绍，让大家对借壳上市有了一定的了解。那么在本章的最后一节，笔者将整理并列举出常见的借壳上市方案，以便大家进一步对借壳上市有所了解。

1. 协议收购

投资者在证券交易场所之外，与目标企业的股东（尤其是持股比例较高的大股东）就股票价格、数量等核心要素进行私下协商，以达成购买目标企业股票的目的，从而实现对该企业的控股或兼并。

这种收购方式通常是相对于公开市场而言的，且必须与目标企业的股东达成书面的股权转让协议。协议内容应明确收购条件、收购价格、收购期限等关键条款。一旦协议达成，收购方就需按照协议规定进行股权转让，并完成整个收购过程。

协议收购是我国股票分置条件下特有的上市企业国有股和法人股的收购方式。在实际操作中，协议收购可能涉及多种模式和复杂情况。例如，上市企业的协议收购可能包括资产重组和后继融资等多项交易行为。在某些情况下，收购人可能需要向目标企业的所有股东发出收购要约，除非得到证券监督管理机构的特别豁免。

协议收购案例：四川发展入主清新环境。2019 年 5 月，清新环境发生实控人变更。其控股股东与四川发展国润环境投资有限公司签署了《股份转让协议》，将其所持公司 25.31% 的股份转让给后者，转让总价为 24.85

亿元。国润环境因此成为该公司的控股股东，实控人变更为四川省国资委。这一案例典型地向我们展示了协议收购的过程和效果，即通过协议方式实现股权的转让和公司的控制权变更。

2. 二级市场收购

企业通过二级市场收购上市企业（目标企业）的流通股，从而获得该上市企业（目标企业）控制权的并购行为。

这种收购方式包含竞价交易与大宗交易，是最直接的收购方式，但具有成本高、收购时间长等特点。二级市场收购通常在上市企业（目标企业）的控股股东控制权较弱、持股比例较小的情况下才适用。

二级市场收购案例：宝安集团收购延中实业。1993 年，宝安集团旗下的宝安上海、宝安华东保健品公司和深圳龙岗宝灵电子灯饰公司在二级市场上悄悄收购延中实业的股票。经过一段时间，这些公司持有的延中实业股份合计达到了一个相当高的比例，从而实现了对延中实业的控制。这一案例充分体现了二级市场收购的特点和过程。

3. 直接收购上市企业的母公司

主要方式为一家企业直接购买另一家持有上市企业股权母公司的全部或部分股份，从而实现对上市企业的间接控制。

这种方式可以避免直接面对上市企业的复杂股权结构和可能的监管难题，并通过控制母公司间接影响上市公司的经营和决策。同时，这种收购方式通常需要大量的资金和资源，因此往往由大型企业或财团进行。由于涉及上市企业的母公司，因此还需要考虑到各种监管和法律问题。

阿里巴巴收购银泰商业的母公司就是一个典型案例。阿里巴巴通过收购银泰商业的母公司，间接获得了对银泰商业的控制权。这种收购方式使得阿里巴巴能够更为灵活地调整其商业战略，同时也避免了直接收购银泰商业可能带来的各种挑战和复杂性。

4. 司法拍卖

收购人竞买上市企业（目标企业）司法拍卖的股票，取得上市企业（目标企业）的控股股权，从而达到收购方企业上市的目的。

典型案例有美的集团竞买小天鹅A的股权。在这个案例中，由于小天鹅A的控股股东发生债务问题，其持有的上市公司股权被人民法院依法拍卖。美的集团作为潜在的竞买人，参与了此次股权拍卖活动，并成功竞得小天鹅A的部分股权。通过此次竞买，美的集团进一步巩固了其在家电行业的地位，并提升了自身的市场竞争力。

通过对上述借壳上市方案的整理与分析，可知借壳上市对于企业经营有诸多益处，但在具体操作过程中，还应保持理性态度。收购人在充分了解自身需求和外部环境的基础上，应谨慎选择借壳上市的方式，以更好地实现自身的目标。

第十章

分拆上市

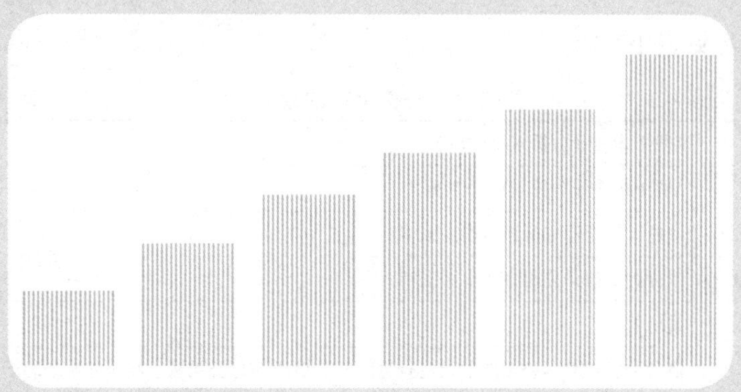

分拆上市的动因

2019年，中国证监会发布了《上市公司分拆所属子公司境内上市试点若干规定》，填补了A股市场关于分拆上市长期以来的制度空白，标志着分拆上市大幕正式拉开。

2022年1月5日，中国证监会发布《上市公司分拆规则（试行）》，整合了境内外分拆上市规则，进一步统一和完善了境内外监管要求。

根据《上市公司分拆规则（试行）》的定义，分拆上市是上市公司将部分业务或资产以其直接或间接控制的子公司的形式，在境内或境外证券市场首次公开发行股票并上市或者实现重组上市的行为。

实操中，可将分拆上市按照上市地点、交易内容、内部资本运作模式进行划分（见表10–1）。

表10–1　分拆上市的划分

按上市地点划分	A股上市企业分拆至境内IPO
	A股上市企业分拆至境外IPO
	境外上市企业分拆至境内IPO
按交易内容划分	拟分拆上市子公司直接申报上市
	重组上市
按内部资本运作模式划分	横向分拆：对母公司的股权进行分离，分拆出与母公司从事同一种业务的子公司，实现子公司的首次公开发售
	纵向分拆：母公司从事的业务涉及某一行业产业链中的不同环节，将母公司的股权进行分离与分立
	混合拆分：母公司业务经营多元化，将母公司的业务结构中与核心业务关联度较弱的业务分离与分立

据不完全统计，分拆上市近年来有持续增长的趋势。为什么越来越多

的企业热衷于分拆上市？分拆上市对提升企业整体经营和价值有什么作用和好处呢？

（1）融资需求。分拆上市能减轻子公司对母公司的资金依赖，从而满足因运营资金不足导致的资金压力。

（2）释放价值。分拆上市可以释放拟分拆业务的潜在价值，达到价值提升的目的，进而实现股东利益最大化（见图 10–1）。

从市值提升角度

假如母公司是一家主板公司，主板市盈率中位数只有22倍；如果子公司拆出来去创业板上市，创业板市盈率中位数是36倍，如果拆到科创板，估值中位数是50倍

从公司治理和激励角度

分拆上市有利于进一步规范子公司的治理结构，优化治理机制，也可以通过授予子公司管理层及优秀员工相应的股权激励，来提升工作积极性和经营效率

从融资渠道角度

分拆出的主要是成长空间巨大的业务，但前期一般需要投入大量资金，故融资需求比较大。而分拆上市使得新公司的业务定位更加清晰，优势资源更加聚焦，更能得到投资者的青睐，进一步拓宽了融资渠道，为今后业务的发展提供资金支持

图10–1 分拆上市价值释放的3个方面

（3）提升子公司市值。当子公司的价值高于行业内其他企业时，可以被认为子公司价值被低估，母公司选择分拆上市，就是让资本市场对子公司的价值进行更合理的评估。

（4）增厚母公司利润。子公司分拆后会引入一部分新投资者，母公司依旧是子公司的实际控制人，若子公司利润上升，母公司合并利润自然增厚。子公司与母公司市值均能做大，形成双赢局面。

在香港上市的微创医疗之所以被称为“生产上市公司的公司”，就是因为其一边拓展新业务（成立子公司），一边引进各路投资者一起“养成”，再拆分出来上市，滚动拓展新赛道。微创医疗在 2023 年股东大会上明确对外表示：公司的长期战略是在细分的 12 个板块里各拆分出 1 家公司独立上市，成为细分板块的旗舰。而微创医疗旗下共有 50 多家子公司，

未来将通过入股、并购等形式，融入这 12 家旗舰上市公司。

从价值上来说，分拆上市不仅可以有效降低整个上市企业体系的管理成本，还能将触角不断延伸，实现母公司规模的快速扩张，对母、子公司是双赢的选择。

分拆上市条件与要求

近年来，中国证监会对于分拆有着严格的规则限制。中国证监会于 2022 年 1 月 5 日发布的《上市公司分拆规则（试行）》对分拆上市的条件、实施程序等事项进行了详细规定。

上市企业分拆，应当同时符合以下条件：

（1）上市企业股票境内上市已满 3 年。

（2）上市企业最近 3 个会计年度连续盈利。

（3）上市企业最近 3 个会计年度扣除按权益享有的拟分拆所属子公司的净利润后，归属于上市企业股东的净利润累计不低于人民币 6 亿元（净利润计算以扣除非经常性损益前后孰低值为依据）。

（4）上市企业最近 1 个会计年度合并报表中按权益享有的拟分拆所属子公司的净利润不得超过归属于上市企业股东净利润的 50%；上市企业最近 1 个会计年度合并报表中按权益享有的拟分拆所属子公司的净资产不得超过归属于上市企业股东净资产的 30%。

上市企业分拆，应当就以下事项作出充分说明并披露：

（1）有利于上市企业突出主业、增强独立性。

（2）本次分拆后，上市企业与拟分拆所属子公司均符合中国证监会、证券交易所关于同业竞争、关联交易的监管要求；分拆到境外上市的，上市企业与拟分拆所属子公司不存在同业竞争。

（3）本次分拆后，上市企业与拟分拆所属子公司的资产、财务、机构方面相互独立，高级管理人员、财务人员不存在交叉任职情况。

（4）本次分拆后，上市企业与拟分拆所属子公司在独立性方面不存在其他严重缺陷。

此外，上市企业分拆，应参照中国证监会、证券交易所关于上市企业重大资产重组的有关规定，充分披露对投资者投资决策和上市企业证券及其衍生品种交易价格可能产生较大影响的所有信息，包括但不限于：①分拆的目的、商业合理性、必要性、可行性；②分拆对各方股东特别是中小股东、债权人和其他利益相关方的影响；③分拆预计和实际的进展过程、各阶段可能面临的相关风险，以及应对风险的具体措施、方案等。

上市企业存在以下情形之一的，不得分拆：

（1）资金、资产被控股股东、实际控制人及其关联方占用或者上市企业权益被控股股东、实际控制人及其关联方严重损害。

（2）上市企业或其控股股东、实际控制人最近 36 个月内受到过中国证监会的行政处罚。

（3）上市企业或其控股股东、实际控制人最近 12 个月内受到过证券交易所的公开谴责。

（4）上市企业最近 1 年的财务会计报告被注册会计师出具保留意见、否定意见或者无法表示意见的审计报告。

（5）上市企业董事、高级管理人员及其关联方持有拟分拆所属子公司股份，合计超过所属子公司分拆上市前总股本的 10%，但董事、高级管理人员及其关联方通过该上市企业间接持有的除外。

上市企业所属子公司存在以下情形之一的，上市企业不得分拆：

（1）主要业务或资产是上市企业最近 3 个会计年度内发行股份及募集

资金投向的，但子公司最近 3 个会计年度使用募集资金合计不超过子公司净资产 10% 的除外。

（2）主要业务或资产是上市企业最近 3 个会计年度内通过重大资产重组购买的。

（3）主要业务或资产是上市企业首次公开发行股票并上市时的主要业务或资产。

（4）主要从事金融业务的。

（5）子公司董事、高级管理人员及其关联方持有拟分拆所属子公司股份，合计超过该子公司分拆上市前总股本的 30%，但董事、高级管理人员及其关联方通过该上市企业间接持有的除外。

上述第（1）项所称“募集资金投向”包括上市企业向子公司出资或者提供借款，并以子公司实际收到募集资金作为判断标准。上市企业向子公司提供借款的，子公司使用募集资金金额，可以按照每笔借款使用时间长短加权平均计算。

分拆上市申请的关注点

分拆上市是提升企业经营效益和企业市值的有效途径，但这并不代表可以轻易拆分、随意拆分和盲目拆分，那种认为只要做出拆分，企业就能如同细胞裂变一样逐渐分裂变大的想法是完全错误的。因为殊不知，如果拆分时没有注意风险控制，那么拆分不仅不会给企业带来好的效果，反而会给公司带来危害，轻则对母公司市值和分拆上市进程造成负面影响，重则甚至成为企业走向失败的开端。因此，必须提醒各位企业家，上市企业实施分拆上市必须关注以下几个风险点，这也是监管机构的考察重点。

1. 分拆上市不能釜底抽薪，防止母公司“空心化”风险

《上市公司分拆规则（试行）》明确指出上市企业分拆应当同时符合四个条件：即上市企业上市已满 3 年且最近 3 年连续盈利；扣除按权益享有的拟分拆子公司净利润后，近 3 年母公司净利润累计不能少于 6 亿元；最近 1 个会计年度内母公司合并报表中按权益享有的拟分拆子公司净利润不高于归属于母公司股东净利润的 50%；最近 1 个会计年度内母公司合并报表中按权益享有的拟分拆子公司净资产不高于归属于母公司股东净资产的 30%。

以上 4 个条件的设定说明了拟分拆出的子公司的净利润不能是母公司的主要盈利来源，也不能占母公司的净资产比重过多。也就是说，拆分出的子公司不能动了母公司的根基。同时也说明了母公司必须自身有实力，盈利能力较强，如果实力不够，拆完之后竞争力可能会断崖式下降。

2. 分拆上市需要关注同业竞争问题

从上市企业分拆出的所属子公司上市后，母、子公司均为上市公司，此时母、子公司各自明确的业务边界和清晰的定位尤显重要。

上市企业与分拆所属子公司均需符合中国证监会、证券交易所关于同业竞争、关联交易的监管要求。在拆分出的子公司上市当年剩余时间及其后 1 个完整会计年度，独立财务顾问应持续督导上市企业与分拆所属子公司保持各自独立的上市地位，并持续关注上市企业与分拆所属子公司的核心资产与业务的独立经营状况、持续经营能力等情况。

因此，发行人（分拆出的子公司）在上市申请中，应对其与母公司是否存在竞争关系、相互业务边界是否清晰，以及可能发生的业务协同等方面进行详细阐述，让监管层及广大投资者对双方主营业务方向及未来业务定位有清晰的认识。

3. 分拆上市需要关注关联交易问题

根据实际情况，大多数上市企业（母公司）的创新业务均是依托传统

业务的延伸而成长起来的，而拆分出的子公司则是在母公司内部交易市场中孵化、培育、发展和壮大起来的，因此难免会存在关联交易问题。

这就要求企业不能盲目跟风分拆，需结合企业整体发展战略、拟子公司所在行业情况、分拆标的是否符合独立上市条件等因素综合考虑。如果母、子公司的主营业务收入在很大程度上依赖关联交易，则必须慎重选择分拆上市，避免因保持业务独立而导致业绩下滑，损害企业整体价值。

此外，关联交易可能伴随着上市企业利润转移、侵害中小股东权利等问题。因此，交易所对于上市企业与分拆所属子公司之间的关联交易亦持重点关注态度，严防利用关联交易进行利益输送或利润调节等行为。

4. 分拆上市需关注子公司业务独立性问题

拆分出的子公司必须具有完整的业务体系和直接面向市场独立经营的能力，这样才能保证拥有独立的竞争力和行业地位。然而，拆分出的子公司在资产独立、人员独立、财务独立、业务独立和机构独立等方面往往都存在欠缺，这可能成为其分拆上市失败的原因。

2023 年 7 月 7 日，因发行人及保荐机构撤回上市 / 保荐申请，天极科技“A 拆 A”科创板 IPO 终止。天极科技此次拆分上市的独立性连续两轮被交易所问询，涵盖底层技术相似或相同、客户重叠与关联交易、董事长两方任职等事项。

拆分出子公司对其已上市母公司如果存在重大依赖，那么将直接关系母公司投资者的利益。子公司脱离母公司后是否拥有完整的业务体系和直接面向市场的独立经营能力，都是上市审核的重点关注项目。

相比其他独立上市企业，分拆上市企业通常在独立性方面存在先天不足。因此，分拆上市的母、子公司必须在业务、资产、财务、机构方面相互独立，不允许存在独立性方面的严重缺陷。

“A拆A”与“港拆A”

2019 年 12 月，《上市公司分拆所属子公司境内上市试点若干规定》落地，我国资本市场允许“A 拆 A”，至今分拆上市已在 A 股取得重大发展，意愿分拆企业数量逐渐增多。

“A 拆 A”是指一家在 A 股上市的企业，将其部分业务或资产分拆为子公司，然后在 A 股市场独立上市的行为。

“港拆 A”是指一家在香港上市的公司将其部分业务或资产分拆为子公司，然后在 A 股市场独立上市的过程。这种模式的出现，主要得益于 A 股市场的不断开放和中国香港与内地资本市场的互联互通。

这两种模式都为企业提供了更多的融资渠道，同时也为投资者提供了更加多元化的投资选择。

1.“A 拆 A”

生益电子是“A 拆 A”的一个典型代表。自 2019 年 12 月分拆上市规则落地以来，生益电子于 2021 年 2 月成功登陆科创板，成为首只“A 拆 A”上市股。这一案例展示了“A 拆 A”的潜力和市场接受度。生益电子作为 A 股上市公司分拆出的子公司，在科创板上市后股价表现良好，为母公司带来了显著的资本增值效应。

在生益电子的案例中，可以看到“A 拆 A”的几个主要优势。首先，分拆上市有助于子公司独立融资，加速其业务发展。通过上市，子公司可以吸引更多的投资者和资金，为其研发、生产和市场拓展提供有力支持。其次，分拆上市有助于提升母公司的估值。市场往往会对有分拆上市计划的母公司给予更高的估值，因为这意味着母公司拥有更多有价值的资产和业务。最后，分拆上市有助于优化公司治理结构，提高管理效率。

从行业分布和研发情况来看，“A 拆 A”的上市企业多来自战略性新兴产业，如新一代信息技术产业、新材料产业等，这些产业普遍具有研发费用增长率高、研发投入占营收比重高、研发人员占比高的特征。这进一步证明了“A 拆 A”模式在推动新兴产业发展、提升公司创新能力方面的积极作用。

2.“港拆 A”

药明康德是一家在香港上市的生物医药企业，其业务涵盖新药研发、临床试验等多个领域。为了加速子公司在 A 股市场的发展并获取更多融资，药明康德决定将其部分业务分拆至 A 股上市。这一举措不仅为药明康德的子公司提供了更多的资金支持，也进一步提升了其在生物医药领域的市场地位。

在药明康德的案例中，可以看到“港拆 A”带来的几个主要优势。首先，分拆上市有助于子公司独立融资，为其业务发展提供资金保障。其次，A 股市场通常对生物医药等新兴产业具有较高的热情和关注度，因此分拆上市有助于提升子公司的估值和市场影响力。最后，通过分拆上市，母公司可以进一步优化业务结构、聚焦核心业务，提高整体运营效率。

如今，越来越多的香港上市企业都在积极探索“港拆 A”的可能性。这些公司通常具备较为成熟的业务模式和稳定的盈利能力，希望通过分拆上市进一步拓宽融资渠道、提升估值并吸引更多投资者。

总之，无论是“A 拆 A”还是“港拆 A”，都将成为未来企业发展的重要趋势之一。企业和投资者应密切关注市场动态和政策变化，把握机遇，实现共赢。

“真”分拆与“假”分拆

在资本市场，分拆上市作为一种资本运作方式，既有其正当的商业逻辑和市场需求，也存在一些可能被滥用的情形，这就涉及了“真”分拆与“假”分拆的概念。

1.“真”分拆

“真”分拆是上市企业出于合理的商业目的，如业务聚焦、提高运营效率、释放子公司价值等，将其部分业务或子公司分拆出来进行独立上市。这种分拆通常是基于实质性的业务分割和独立运营，旨在实现各自业务的最大化和最优化。

“真”分拆的操作流程如下：

（1）上市企业充分论证分拆上市的可行性。

（2）上市企业制定分拆上市预案，聘请独立财务顾问、律师事务所、会计师事务所等证券服务机构出具意见。

（3）上市企业召开董事、股东大会审议分拆上市预案，取得证券交易所和证监局持续监管意见（已调整为监管内部授权、分工事项）。

（4）拟分拆上市的子公司履行上市审核程序。

（5）分拆上市当年剩余时间及其后 1 个完整会计年度，独立财务顾问持续督导上市企业维持独立上市地位。

川宁生物是一家专注于抗生素中间体业务的企业，在过去的发展历程中，其业务逐渐壮大并积累了丰厚的行业经验。然而，随着市场竞争的加剧和行业环境的不断变化，川宁生物意识到需要通过分拆上市的方式进一步释放其子公司的市场价值和潜力，以加速业务发展。

因此，川宁生物决定将其部分业务进行分拆，并在A股市场进行独立上市。这一分拆上市行为是基于实质性的业务分割和独立运营考虑，旨在实现各自业务的最大化和最优化。分拆后的子公司与川宁生物之间保持了清晰的业务边界和独立的运营体系，确保了分拆上市的“真实性”。

通过分拆上市，川宁生物的子公司获得了更多的融资机会，有助于其加大研发投入、扩大市场份额，并进一步提升品牌知名度和市场影响力。同时，分拆上市也有助于提升川宁生物的整体估值和市场地位，为其未来的资本运作和业务拓展提供了更多可能性。

此外，川宁生物的分拆上市行为也得到了市场的积极反馈和认可。投资者普遍认为，这种分拆有助于释放子公司的市场价值，并提升母公司的整体竞争力。因此，川宁生物的股价在分拆上市后也呈现出稳健的增长态势。

综上所述，川宁生物的分拆上市是一个典型的“真”分拆案例。基于实质性的业务分割和独立运营考虑，实现了业务的聚焦和优化，并获得了市场的积极反馈和认可。这一案例为其他国内企业提供了有益的借鉴和参考。

2.“假”分拆

“假”分拆上市，是企业为了规避某些监管要求或实现其他非商业目的而进行的名义上的分拆。这种分拆可能并不涉及实质性的业务分割和独立运营，而是更多地表现为一种资本运作手段或市场炒作工具。

一个典型的“假”分拆案例通常涉及那些分拆上市的目的是炒作股价或规避监管的公司。这些公司可能通过分拆操作制造市场热点，吸引投资者关注，从而提升母公司或子公司的股价。然而，这种分拆往往缺乏实质性的业务支持和长期发展规划，一旦市场炒作热度退去，股价可能会出现大幅下跌。

在区分“真”分拆与“假”分拆时，需要关注以下几个方面：

（1）分拆的目的。如果分拆是基于企业战略发展和业务优化的需要，那么更可能是“真”分拆；如果分拆只是为了炒作股价或规避监管，那么更可能是“假”分拆。

（2）业务独立性。真正的分拆通常涉及业务的实质性分割和独立运营，而“假”分拆则可能仅停留在名义上的分割，实际上子公司的业务仍与母公司高度依赖。

（3）市场反应。市场通常会对真正的分拆持积极态度，认为这有助于释放子公司价值并提高企业整体运营效率；而对于“假”分拆，市场可能会持怀疑态度，认为其缺乏实质性业务支持和长期发展前景。

需要注意的是，投资者判断一个分拆案例是“真”还是“假”并非易事，需要深入了解企业的业务模式、发展战略以及市场环境等多方面因素。同时，随着资本市场的不断发展和监管政策的不断完善，对于“假”分拆的识别和打击力度也将逐步加大。

第十一章
境外上市

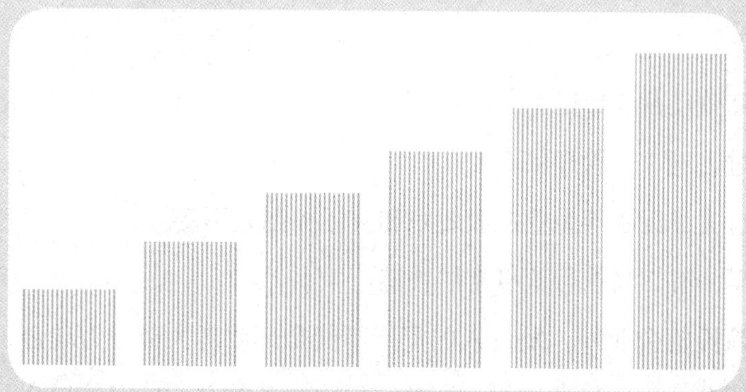

香港上市条件

香港资本市场有主板市场和创业板（GEM）市场之分，它们对上市要求是不同的，根据《主板上市规则》和《GEM 上市规则》的相关要求，我们在此进行详细介绍。

1. 港交所主板上市要求

香港主板市场的核心目的是为较大型、基础较佳且具有盈利记录的企业筹集资金，虽然对主线业务并无具体要求，但申请在主板上市的企业，其业务规则和主线业务盈利都必须符合要求。具体可以分为非特殊指定行业企业和特殊指定行业企业 2 大类。

对于非特殊指定行业企业而言，申请在主板上市，必须符合的经营管理规则如下：

（1）完整经营 3 年以上。

（2）过去近 3 年管理层不变。

（3）过去最近 1 年企业控股股东和实际控制人不变。

（4）至少有 2 名执行董事常居香港。

（5）除投资企业外，发行人的资产不能全部或者大部分为现金、短期投资（集团公司旗下经营银行、证券、保险业务的企业持有的现金及，或者短期投资不计算在内）。

非特殊指定行业企业申请在主板上市，需符合的财务指标如下：

（1）最低盈利。最近 1 年归属发行人股东的盈利不少于 3500 万港元，且前 2 年累计盈利不少于 4500 万港元（即 3 年累计不低于 8000 万港元）。

（2）市值 + 收益 + 现金流量。上市时市值不低于 20 亿港元，近 1 年收入不少于 5 亿港元，过去近 3 年经营活动现金流入净额不低于 1 亿港元。

（3）市值 + 收益。发行人上市时，市值不低于 40 亿港元，近 1 年收入不少于 5 亿港元。如果发行人董事和管理层在发行人所属行业内拥有至少不少于 3 年的优秀经验，并对经验做详细披露说明，且管理层过去最近 1 年不变，则港交所可以接受经营期限不足 3 年的发行人申请上市（仅针对“市值 + 收益”这一套指标）。

注意：盈利是企业所得税税前利润总额而非净利润，且是扣除非经常性损益后的盈利；收入是经常性经营活动收入，不包括偶然交易、资产买卖等非经常性收入。

对于特殊指定行业企业而言，如果符合下列五项条件之一的企业，不适用于上述非特殊指定行业企业的经营管理规则和财务指标：

（1）符合港交所规定的矿业企业。

（2）符合港交所规定的工程项目企业。

（3）符合港交所规定的生物科技企业。

（4）符合港交所规定的特殊目的收购企业。

（5）符合港交所规定的投资企业。

特殊指定行业企业如果完整经营不少于两年，并且发行人能够让港交所确信——发行人上市符合发行人及投资者利益，投资者有足够的资料对发行人做出有依据的判断。那么，发行人应尽早向港交所咨询是否符合上市条件，以及如何达到上市条件。

2. 港交所创业板上市条件

香港创业板市场的核心目的同样是为较大型、基础较佳且具有盈利记录的企业筹集资金。虽然对申请在创业板上市企业的主线业务要求降低为必须从事单一业务，但允许有围绕该单一业务的周边业务活动。具体可以分为非特殊指定行业企业和特殊指定行业企业两大类。

对于非特殊指定行业企业而言，申请在创业板上市，必须符合的经营管理规则和财务指标如下：

（1）完整经营2年以上。

（2）过去最近1个完整年度至上市时企业控股股东和实际控制人不变。

（3）过去近2个完整年度至上市时管理层大致不变。

（4）近2年经营活动现金流入净额不少于3000万港元。

（5）上市时市值不低于1.5亿港元。

（6）发行人的资产不能全部或者大部分为现金，或者短期投资（集团公司旗下经营银行、证券、保险业务的企业持有的现金，短期投资不计算在内）。

对于特殊指定行业企业而言，如果符合下面五项条件之一的企业，可以不适用于上述非特殊指定行业企业的经营管理规则和财务指标，但必须符合在经营期限内（如果实际经营期限不足2年，按照实际经营期限计算）经营活动现金流入净额不少于3000万港元、上市时市值不低于1.5亿港元、资产不能全部或者大部分为现金、短期投资：

（1）发行人为新成立的“项目”公司（如基建工程项目）。

（2）矿业公司。

（3）其他特殊情况。

香港上市流程

随着经济的快速发展，越来越多的内地企业开始考虑或已实施赴港上市。香港证券市场具有规范严密、市场透明度高、投资者素质好等特点，其在国际金融市场中具有重要的地位。

企业赴香港上市的流程是一个复杂且严谨的过程，涉及多个环节和细节。下面将详细阐述企业赴香港上市的主要流程：

1. 前期准备阶段

在决定赴港上市后，企业需要选择保荐人（通常是投资银行）、律师事务所、会计师事务所等中介机构，获取相关资料及法律咨询，并成立在香港注册的特殊目的公司（SPV），用于发行股票和募集资金。然后进行资产评估、财务审计、尽职调查、重组与整改等工作，以确认是否符合港交所的上市标准。前期准备阶段通常需要 2 ～ 3 个月。

2. 上市审批阶段

由保荐人向港交所提交上市申请，并递交相关文件和资料。港交所对企业的上市申请进行核查和审核，并安排一系列面谈、问询和考核。在此过程中，企业及其中介机构需要按要求提供详细的信息，包括但不限于企业沿革、经营策略、资产负债表、利润表、现金流量表、公司治理结构、高管团队、员工信息等。上市审批阶段的时间一般需要 2 ～ 4 个月，该阶段的重要环节如下。

（1）提交上市申请。保荐人向港交所提交上市申请及相关文件，包括但不限于招股说明书、审计报告、法律意见书等。

（2）港交所审核。港交所将对企业的上市申请进行严格的审核，包括对申请文件的完整性、合规性进行审查，同时可能要求企业提供进一步的信息或解释。

（3）上市聆讯。如果港交所对企业的上市申请无异议，将安排上市聆讯。在聆讯过程中，港交所将询问企业及其中介机构有关上市申请的问题，并可能提出进一步的要求或建议。

（4）获得上市批准。在通过聆讯后，港交所将决定是否给予企业上市批准。一旦获得批准，企业将进入下一步的发行与定价阶段。

3. 发行与定价阶段

在获得上市批准后，企业将开始制订发行计划，包括确定发行规模、发行价格区间、发行方式等。

企业还需组织路演活动，向潜在投资者介绍企业业务、财务状况和发展前景，以吸引投资者的关注和认购。路演结束后，企业将根据投资者的认购 / 申购情况和市场反应，来制订股份发售计划，并确定发行价格和股权比例等关键参数。

企业按照发行计划进行发行，并在发行结束后向港交所申请上市。港交所将根据相关规定和程序，安排企业的股票在交易所挂牌交易。整个发行与定价阶段通常需要 2 ～ 3 个月。

4. 上市后续阶段

企业获得香港证券交易所的批准后，便可以正式上市交易。首日股价的涨跌情况将直接影响其品牌形象和市场地位。因此，企业必须做好上市后续管理，以提升在投资者心中的形象。具体工作包括：

（1）持续信息披露。企业上市后需按照香港上市规则的要求，定期发布财务报告、业绩公告等信息，并保持与投资者和市场的沟通。

（2）遵守监管要求。企业需要遵守香港证券市场的各项监管要求，包括交易规则、信息披露规则等，以确保合规经营。

（3）市值管理与投资者关系维护。企业需关注自身的市值表现，加强与投资者的沟通和互动，维护良好的投资者关系。

需要注意的是，企业赴香港上市的流程可能因具体情况而有所不同，通常整个赴港上市的流程需要 6 ~ 12 个月。

需要注意的是，本节所述流程仅为一般性描述，实际上市过程可能因企业具体情况、市场环境等因素而有所不同。因此，在具体操作中，企业需要结合自身实际情况和市场需求，灵活调整策略，以确保上市工作的顺利进行。

香港上市方式

内地中资企业（包括国有企业及民营企业）若选择在香港上市，可以选择的方式有多种，下面列出最常被采用的 5 种方式，供大家参考。

1. 首次公开发行（IPO）

企业通过向公众发售新股，获得资本注入，进而实现上市目标。这种方式具有融资规模大、市场认可度高、品牌宣传效应强等优势。然而，IPO 也伴随着较高的上市门槛和严格的监管要求，企业需要满足香港联交所的上市条件，如财务指标、公司治理结构、信息披露等方面的要求。

在 IPO 过程中，企业需要选择合适的上市时机，制订详细的上市计划，并与保荐人、律师事务所、会计师事务所等中介机构紧密合作，完成招股说明书编制、路演推介、定价发行等各个环节。成功上市后，企业还需要遵守香港证券市场的监管规则，定期披露财务报告和相关信息，并保持与投资者的良好沟通。

2. 介绍上市

与 IPO 不同，介绍上市不涉及新股发行，而是对已有股份在港交所挂牌交易。这种方式适用于已在其他市场上市的企业，希望将其股份在香港市场进行交易，以扩大股东基础和提高市场流动性。

介绍上市的优势在于流程相对简化，上市时间较短，且无须承担新股发行的相关费用和风险。然而，由于没有新股发行，企业无法通过介绍上市直接获得融资。此外，介绍上市的企业需要确保其股份在其他市场的流通性和价格稳定，以维护香港市场的声誉和投资者利益。

3. 反向收购上市

通常涉及内地企业通过收购一家已在香港上市的壳公司，从而实现快速上市的目标。反向收购上市的优点在于上市时间相对较短，且可以避免 IPO 过程中可能面临的严格审查和较高成本。香港联交所和香港证监会都对反向收购上市设置了限制：

（1）全面收购。收购方如购入上市企业（目标企业）超过 30% 的股份，须向其余股东提出全面收购。

（2）重新上市申请。购买壳公司后的资产收购行为，有可能被联交所视作新上市申请。

（3）企业持股量。香港上市企业须维护足够的公众持股量，否则可能被停牌。买壳上市初期未必能达到集资的目的，但可利用收购后的上市企业进行配股、供股集资。

因此，反向收购在已有收购对象的情况下，筹备时间较短，工作较简单，然而需要更多时间与规划去回避监管条例，这可能导致购买壳公司的手续比申请新上市更加烦琐。同时，选对合适的壳公司也至关重要。壳公司需要具备良好的财务状况、合规的治理结构和稳定的业务运营，以确保收购后的企业能够顺利融入香港资本市场。

不管怎样回避，反向收购上市都必然会涉及复杂的法律程序和监管要求，企业需要充分了解并遵守相关规定，以避免产生法律风险和合规问题。

4. 分拆上市

上一章专门介绍过分拆上市，在此不做赘述。且因为是针对企业在内地上市，也相应介绍过“A 拆 A”和“港拆 A”。那么，赴港的分拆上市，可以理解为“A 拆港”。这种方式有助于母公司实现业务聚焦和资源整合，并为新业务提供独立的发展空间和融资渠道。

分拆上市对于内地企业而言，也是实现业务多元化和国际化战略的重要手段。然而，分拆上市也需要谨慎处理母、子公司之间的关系，要确保分拆后的业务能够独立运营并符合香港市场的监管要求。此外，分拆上市还可能对母公司的股价和市值产生影响，因此需要在充分评估风险和收益的基础上做出决策。

5. 红筹架构上市

内地企业通过在境外设立控股公司，并通过该控股公司在香港上市的方式被称为红筹架构上市。红筹架构上市通常涉及复杂的跨境资本操作和税务安排，需要企业具备较高的国际化运营能力和风险管理水平。

需要注意的是，红筹架构上市也必须遵守香港市场的监管规则，并确保企业的财务和业务透明度。此外，随着全球金融监管环境的不断变化，红筹架构上市也可能面临新的挑战和不确定性。

综上所述，内地企业赴港上市的方式多种多样，每种方式都有其独特的优缺点和适用场景。企业应根据自身实际情况和发展战略，选择合适的上市方式，并在充分评估风险和收益的基础上做出决策。同时，企业还需要与专业的中介机构紧密合作，以确保上市过程的顺利进行和成功实现。

美国上市条件

美国最主要的证券交易市场有3个，即纽约股票交易市场（NYSE）、纳斯达克（NASDAQ）、美国股票交易市场（AMEX）。企业只有在满足各市场对企业的要求后，其股票或证券才能在市场上发行、交易。

1. 纽约股票交易市场（NYSE）上市条件

根据企业所在地的不同，纽交所有2套上市标准，即美国标准和非美国标准。本节主要阐述中国企业如何赴美上市，因此只讨论适用于中国企业的非美国标准。主要有以下4种：

（1）利润。企业过去3个财政年度累计税前利润不得低于1亿美元，或者过去2个财政年度每年税前利润均不低于2500万美元。

（2）市值/收入+现金流。企业市值不低于5亿美元；企业过去3个财政年度累计现金流量净额不低于1亿美元，或者过去2个财政年度每年现金流量净额均不低于2500万美元，又或者最近1个月的营业收入不低于5亿美元。

（3）净利润+市值：企业市值不低于7.5亿美元；企业过去1个财政年度营业收入不低于7500万美元。

（4）关联公司上市标准。企业市值不低于5亿美元；企业经营超过12个月。

除以上条件，还应同时满足以下条件：企业全球范围内股东人数达到5000人；公众持股数量达到2500万股，全球范围内的公众持股市值达到6500万美元。

2. 纳斯达克上市条件

纳斯达克有 3 个层次活跃的资本市场：全球精选市场、全球市场和资本市场，以满足不同规模、不同类型企业的需要。

全球精选市场的上市标准有 4 种：

（1）盈利标准。企业前 3 个财政年度累计营业利润不低于 1100 万美元，或者最近 2 年营业收入均不低于 220 万美元。

（2）市值 + 现金流。企业前 3 个财政年度累计现金流不低于 2750 万美元；最近 12 个月平均市值不低于 5.5 亿美元；上一财政年度营业收入不低于 1.1 亿美元。

（3）企业最近 12 个月平均市值不低于 8.5 亿美元；上一财政年度营业收入不低于 9000 万美元。

（4）企业市值不低于 16 亿美元；企业总资产不低于 8000 万美元；企业股东权益不低于 5500 万美元。

纳斯达克全球市场的上市标准有 4 种：

（1）企业最近 1 个财政年度或过去 3 个财政年度中的 2 个的持续经营业务收入不低于 100 万美元；企业股东权益不低于 1500 万美元；公众持股量不低于 110 万美元，总价值不低于 800 万美元；至少拥有持有 100 股以上的股东 400 人；不少于 3 个做市商。

（2）企业运营满 2 年；股东权益不低于 1500 万美元；公众持股量不低于 110 万美元，总价值不低于 1800 万美元；至少拥有持有 100 股以上的股东 400 人；不少于 3 个做市商。

（3）企业市值 7500 万美元；公众持股量不低于 110 万美元，总价值不低于 2000 万美元；至少拥有持有 100 股以上的股东 400 人；不少于 3 个做市商。

（4）企业最近 1 个财政年度或过去 3 个财政年度中的 2 个的总资产达

到7500万美元，总收入也达到7500万美元；公众持股量不低于110万美元，总价值不低于2000万美元；至少拥有持有100股以上的股东400人；不少于3个做市商。

纳斯达克资本市场的上市标准有3种：

（1）企业经营满2年；股东权益不低于500万美元；公众持股总价值不低于1500万美元；至少拥有持有100股以上的股东300人；不少于3个做市商。

（2）企业市值5000万美元；股东权益不低于400万元；公众持股量不低于100万美元，总价值不低于1500美元；至少拥有持有100股以上的股东300人；不少于3个做市商。

（3）企业最近1个财政年度或过去3个财政年度中两年的税前收入不低于75万美元；股东权益不低于400万美元；公众持股量不低于100万美元，总价值不低于500美元；至少拥有持有100股以上的股东300人；不少于3个做市商。

3. 美国股票交易市场（AMEX）

上市条件运行成熟且规范，股票和衍生证券交易突出。虽然上市条件比纽交所低，但也有上百年的历史，许多传统行业及国外企业都在此上市。

普通判断标准：

（1）企业净资产不得低于400万美元。

（2）近1年或者是近3年中的2年，每年的税前收入不低于75万美元。

（3）首次发行价不低于3美元每股，股东的普通股不低于4美元每股。

（4）公众持股市场价值不低于300万美元。

特殊判断标准：

（1）企业须有至少 3 年的经营时间。

（2）首次发行价不低于 3 美元每股，股东的普通股不低于 4 美元每股。

（3）公众持股市值达到 1500 万美元。

美国上市流程

中国企业赴美上市是一个复杂且耗时的过程，因此充分的前期准备与规划至关重要。首先，企业需要明确上市的目的和战略定位，例如是为了扩大融资渠道、提升品牌知名度，还是其他目标。其次，企业需要对自身的经营状况、财务状况和市场前景进行全面评估，以确保符合上市要求。此外，企业还需要组建一支专业的上市团队，包括财务、法务、公关等方面的专业人员，以协助完成整个上市过程。下面详细阐述中国企业赴美上市的流程：

（1）选择中介机构。包括投资银行、律师事务所和会计师事务所等。投资银行将协助企业进行股票发行和定价，提供市场分析和策略建议；律师事务所将负责处理法务问题，确保企业符合美国的法律法规；会计师事务所将对企业的财务报表进行审计和验证，确保数据的准确性和合规性。

（2）财务与法务审计。财务审计将对企业的财务报表进行全面审查和验证，以确保数据的真实性和准确性。法务审计则将对企业的合同、协议和法务文件进行梳理和审查，以确保符合美国的法律法规。审计过程将有助于提升企业的透明度和可信度，为上市打下坚实的基础。

（3）赴美上市申请。完成前期准备和中介机构的选择后，企业需要向美国证券交易委员会（SEC）提交上市申请。申请文件通常包括招股说明书、财务报表、法律文件等。在申请过程中，企业需要详细描述企业的业务模式、财务数据、市场前景等关键信息，以便投资者了解企业的基本情况。

（4）SEC 审查与反馈。提交上市申请后，SEC 将对申请文件进行全面审查。审查过程可能包括对企业财务状况、业务模式、法务合规等方面的询问和核实。在这一步骤企业需要积极配合 SEC 的审查工作，及时回答问题和提供所需资料。如果 SEC 对申请文件有任何疑问或需要进一步地澄清，企业需要及时作出回应。

（5）股票发行与定价。通过 SEC 审查后，企业就可以开始进行股票发行和定价工作。投资银行将协助企业确定发行规模、价格区间等关键参数，并通过路演等方式向投资者推销股票。定价过程通常基于市场需求、企业价值、行业比较等多个因素的综合考量。最终确定的发行价格和规模将影响企业的融资金额和市场认可度。

（6）上市交易与监管。股票成功发行并定价后，企业将在选定的交易所正式挂牌上市交易。上市交易后，企业需要遵守交易所的上市规则和 SEC 的监管要求，及时披露财务报告、重大事项等信息，以确保信息的公开透明。此外，企业还需要与投资者保持良好的沟通和互动，积极回应投资者关切，维护良好的市场形象。

整个上市过程中，企业需要密切关注市场动态和监管政策的变化，灵活调整策略以应对各种挑战。同时，企业还需要加强内部管理和团队建设，来提升企业的竞争力和可持续发展能力。

需要注意的是，本节所述流程仅为一般性描述，实际上市过程可能因企业具体情况、市场环境等因素而有所不同。因此，在具体操作中，企业需要结合自身实际情况和市场需求，灵活调整策略，以确保上市工作的顺利进行。

新加坡上市条件

企业在新加坡申请上市（主板或 SESDAQ），必须财务健全，流动资金不能有困难。企业如果向股东或董事借债，需先还清或以股抵债。企业管理层须保持基本稳定，也就是说近几年为企业带来利润的管理层基本不变，如有要员离开，企业需证明其离开不影响后续的经营管理。

1. 新加坡证券市场主板上市条件

在股权分布方面，至少需有 1000 名股东持有企业股份的 25%，如果企业市值大于 3 亿新加坡元，股东的持股比例可降低至 10%。

最低市值方面，8000 万新加坡元或无最低市值要求。

税前盈利要求，满足以下 3 条标准中任意一条即可：

（1）企业近 3 年税前利润累计超过 750 万新加坡元，并且每年均不低于 100 万新加坡元；有 3 年营业记录；控股股东（包括上市时持有 5% 或以上的执行董事与高管人员）全部股份在上市之日起 6 个月内不能卖出。

（2）企业税前利润近 1 年或 2 年累计超过 1000 万新加坡元，控股股东（包括上市时持有 5% 或以上的执行董事与高管人员）全部股份在上市之日起 6 个月内不能卖出。

（3）企业过去 3 年中任何 1 年税前利润不少于 2000 万新加坡元，且有形资产价值不少于 5000 万新加坡元。

控股股东锁股期为上市之日起全部股份 6 个月内不能卖出，次 6 个月内限制 50% 不能卖出。

在新加坡证券市场主板上市的企业，可自由选择注册地点，无须在新加坡有实质的业务运营。如果企业计划向公众募股，则必须向社会公布招股说明书。如果企业已经拥有足够的合适股东，并且有足够的资本，无须向公众募集股份，则须准备一份与招股说明书类似的通告交给新交所，以备公众查询。

2. 新加坡证券市场创业板上市条件

这一市场主要帮助有潜力的中小企业在股市集资，上市条件较为宽松，设有无须最低注册资本的要求，对税前利润和上市市值均不做要求。没有营业记录的企业也可申请上市，但须证明募集资金是用于项目或产品开发，且必须已进行充分研发。具体条件如下：

（1）无须最低注册资本。

（2）有 3 年或以上连续、活跃的经营记录，并不要求一定有盈利，但会计师报告不能有重大保留意见，有效期为 6 个月。

（3）公众持股至少为 50 万股或发行缴足股本的 15%（以高者为准），至少 500 名公众股东。

（4）所持业务在新加坡的企业，须有两名独立董事；业务不在新加坡的控股企业，须有 2 名常驻新加坡的独立董事，一位全职在新加坡的执行董事，并且每季开一次会议。

新加坡上市流程

新加坡没有申请数量的限制，多家拟上市企业的申请材料可同时提交，因此上市所需时间较短。一般情况下，从上市工作正式启动到股票获准公开发售，并上市交易，只需要 6 个月左右。

中国企业到新加坡上市，应先聘任中介机构，由财务顾问、律师、会计师等专业人士为企业制订并执行上市计划。其中，应选一家设在新加坡的金融机构作为上市主理商，通常为新交所的成员公司、证券银行或其他受新交所承认的金融机构；律师事务所的选择最多2个新加坡律师事务所和1个中国律师事务所。

上市主理商代表企业呈递上市申请和主理企业股票的推出，处理申请上市过程中的其他相关问题。

在各类专业人士的推动下，中国企业赴新加坡上市需要经历以下程序：

1. 申请上市前的准备工作（约4个月）

包括拟订上市计划、实施企业重组、展开尽职调查、找出上市障碍并提出解决方案、制作上报新交所和金融管理局的文件等。

一个好的企业重组方案，有助于消解法律、审计中的上市障碍。如果重组方案考虑不周详，将增大上市的难度和成本。

通常情况下，各中介机构会在企业重组的同时，展开制作法定上市申报材料的工作，以加快上市进程。除此之外也会在下述领域做审慎调查：法律领域、商业领域、财务和内部控制、未来展望，以及董事、管理层和股东的诚信度等。

2. 申请上市（4 ~ 6周）

企业完成重组后，由主理商代表企业向新交所提呈上市申请书，以及处理新交所的问询。提呈的申请书中，必须附上由律师起草的招股书、由新加坡会计师事务所按照新加坡或国际会计标准的会计师报告（应涵盖3个财政年度的财务资料）。

新交所审查处理上市申请的时间段，主要工作是企业代表和主理商回答新交所的询问。

新交所的答复共有3种：①不批，企业可以重新申请，但需针对不批理由进行改组；②有条件批准（非常可能），企业需满足条件后再报新交所；③无条件批准。

3. 公开发售股票（3周）

获得新交所审批通过后，企业即可开始进行公开发售前的准备工作，主要工作是企业及主理商决定公开发售价，签署包销或私下发售股票协议，提呈售股计划书草稿供新交所和金融管理局批阅，向公司注册局注册售股计划书，以及为公开售股进行宣传。这个过程大概需要两周。

宣布公开发售，通常申请认购时间至少为7个交易日，公开发售股票截止后进行抽签及分配股票。上市时间定为2天，通常在公开发售股票截止后第2个交易日开始进行发行后的股票交易。这个过程大概需要1周。

需要注意的是，本节所述流程仅为一般性描述，实际上市过程可能因企业具体情况、市场环境等因素而有所不同。因此，在具体操作中，企业需要结合自身实际情况和市场需求，灵活调整策略，以确保上市工作的顺利进行。

附录

IPO路上的“七大坑”与“四大伤”

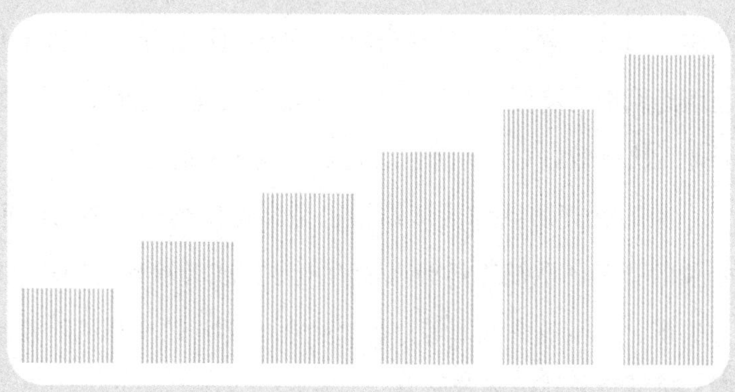

第1坑：持续经营能力不足

在 IPO 审核过程中，监管机构会对企业的持续经营能力进行严格的评估，以确保企业具备长期稳健的运营基础和发展潜力。如果企业在这方面存在明显不足，IPO 申请很可能会因此受阻。

首先，持续经营能力不足表现为企业的主营业务不稳定或缺乏竞争力。这通常是由于市场环境变化、技术更新换代、竞争对手强大等多种因素导致的。如果企业的主营业务无法保持持续增长或市场份额持续下滑，监管机构可能会对其未来的盈利能力和生存能力产生疑虑，从而拒绝 IPO 申请。

其次，企业的财务状况也是评估持续经营能力的重要指标之一。如果企业存在严重的财务问题，如资金链紧张、债务负担过重、盈利能力低下等，那么持续经营能力将受到严重质疑。在这类情况发生时，监管机构可能会担心企业无法有效应对财务风险，进而影响未来的运营和发展。

最后，企业的管理团队和治理结构也是影响持续经营能力的重要因素。如果企业的管理团队缺乏经验或能力不足，或者治理结构存在缺陷，如内部权力失衡、决策效率低下等，那么企业的运营效率和风险控制能力将受到限制，进而影响持续经营能力。

H 公司是一家以钎焊材料为主要产品的企业。在 IPO 审核过程中，审查人员重点关注了 H 公司的持续经营能力。

（1）H 公司的钎料销售在报告期内持续收缩，净利润连续 3 年出现下滑，降幅介于 23% ~ 46%。更为严重的是，该公司预测未来可能会出现下滑 50% 以上的情况。

（2）H 公司的主要产品面临着市场需求波动和被替代的风险。下游客户开始通过自身研发和改进工艺，生产使用替代品。然而，H 公司的主要产品还处于市场推广阶段，未能及时跟上市场变化的步伐。

审查过程中，审核人员要求保荐人核查 H 公司的经营业绩是否存在继续大幅下滑的风险，以及主要产品是否存在被其他产品替代的风险。同时，还关注了 H 公司所处经营环境是否已经发生或将要发生重大变化，以及持续盈利能力是否存在重大不确定性。由于 H 公司在这些方面都存在明显的问题，IPO 申请最终未能通过。

这个案例表明，持续经营能力是企业 IPO 过程中需要重点关注的一个方面。为了不让上述例子的情景发生在自己身上，企业需要加强自身的经营能力建设，包括优化产品结构、拓宽市场渠道、提高管理水平等，以增强持续经营能力并提升 IPO 成功率。

第2坑：板块定位错误

在 IPO 审核过程中，监管机构会对企业的行业属性、业务模式、市场竞争力等方面进行深入分析，以判断企业是否符合特定板块的定位和要求。如果企业的板块定位错误，即实际业务与所申请板块的定位不符，IPO 申请很可能会被否决。

首先，板块定位错误将导致企业的成长性和创新性受到质疑。不同的板块有不同的定位和要求，例如，创业板主要关注的是企业的创新能力和成长性，主板则更注重企业的稳定性和成熟性。如果企业错误地将自己定位为创业板企业，实际业务又缺乏创新性或者成长性不足，那么监管机构会认为该企业不符合创业板定位，从而拒绝 IPO 申请。

其次，板块定位错误将影响企业的估值和市场认可度。每个板块都有独特的估值逻辑和市场预期，如果企业的板块定位与实际业务不匹配，那么投资者可能会对估值产生疑虑，最终导致企业难以获得市场的认可和支持。

最后，板块定位错误会暴露企业内部管理和战略规划的问题。企业在选择 IPO 板块时，需要对自身业务、行业趋势、市场竞争等方面进行深入分析和评估。如果企业在这方面存在不足或失误，那么板块定位错误可能只是冰山一角。

N 公司的主营业务包括地基基础、既有建筑维护改造，所处行业为“土木工程建筑业”。在申请创业板 IPO 的过程中，尽管公司认为其业务属于传统产业与新技术、新业态的深度融合，符合创业板定位，但监管部门经过审核后认为，该公司所在行业属于《深圳证券交易所创业板企业发行上市申报及推荐暂行规定》中原则上不支持在创业板发行上市的行业。因此，N 公司因不符合创业板定位而被否，成为在发布创业板负面清单之后首家因板块定位错误而被否的公司。

这个案例凸显了企业在选择上市板块时必须精准理解并匹配各板块的定位和要求的重要性。企业在筹备 IPO 时，应充分了解各板块的定位、上市条件及监管要求，并结合自身的业务特点、技术创新能力和未来发展战略，选择最适合的上市板块。

第3坑：财务规范欠缺

在 IPO 过程中，财务规范是监管机构和投资者关注的重点，因为它直接关系企业的盈利能力、偿债能力以及未来发展的可持续性。

首先，财务规范欠缺表现为财务报表的不真实、不完整或不准确。企业为了美化财务报表，可能会采取虚构收入、隐瞒成本、操纵利润等手段。这些行为一旦被监管机构发现，将严重影响企业的 IPO 进程，甚至会导致申请被直接否决。

其次，财务规范不足还体现在内部控制的缺失或薄弱上。有效的内部控制能够确保企业财务信息的准确性和可靠性，防止财务舞弊的发生。然而，一些企业由于内部控制体系不健全或执行不力，导致财务风险增加，IPO 申请因此受到阻碍。

此外，财务规范欠缺还涉及资金管理的问题。企业若存在资金违规使用、关联方交易不透明等情况，将引发监管机构和投资者的疑虑。这些疑虑不仅会影响企业的 IPO 进程，还可能会损害企业的声誉和信誉，给企业的长期发展带来负面影响。

A 公司首次公开发行股票并在科创板上市的申请过程中，由于财务规范问题，IPO 申请被证监会否决。具体来说，公司在 2018 年签署了 4 个重大合同，总计金额为 15859.76 万元，尽管在当年年底并未回款且未开具发票，公司却将这些合同收入确认在当年。然而，在随后的年份中，公司又以谨慎性为由，对这些合同收入的确认时点进行了调整，导致了主营收入和净利润的大幅调减。

这一调整引起了监管部门的关注，证监会认为公司存在会计基础工作薄弱和内控缺失的情形，将该会计差错更正认定为特殊会计处理事项的理由不充分，不符合企业会计准则的要求。因此，A公司的IPO申请因财务规范问题而未能通过。

这个案例告诉我们，企业必须确保财务报表的真实、准确和完整，遵循会计准则和规定，建立健全的内部控制体系，以防范和纠正财务不规范行为。总之，企业务必重视财务规范问题，加强财务管理和内部控制，提高财务透明度，确保IPO申请的顺利通过。

第4坑：行为违法违规

在企业申请IPO的过程中，监管机构会对企业的行为进行全面的审查，以确保其符合相关法律法规和市场规范。如果企业存在违法违规行为，IPO申请必然会被拒绝。

首先，违法违规行为包括但不限于财务造假、信息披露不实、内幕交易、操纵股价等。这些行为不仅损害了投资者的利益，也破坏了市场的公平和公正。在IPO审核中，监管机构会对企业的财务报告、业务运营、内部控制等方面进行严格的核查，一旦发现存在违法违规行为，将立即采取相应的监管措施。

其次，违法违规行为会导致企业的声誉受到严重损害。投资者对于存在违法违规行为的企业往往持谨慎态度，不愿意投资这样的企业。同时，监管机构也会对企业的IPO申请持更为审慎的态度，甚至会直接拒绝申请。

最后，违法违规行为将给企业带来法律风险和经济损失。一旦被发现存在违法违规行为，企业不仅要承担相应的法律责任，还会面临巨额的罚款与赔偿。

S技术公司在申请IPO的过程中，存在欺诈发行的违法事实。具体是公司在披露的《首次公开发行股票并在科创板上市招股说明书》申报稿中存在不实陈述或误导性陈述，涉嫌欺诈发行。这一行为严重违反了证券市场的法律法规，损害了投资者的利益，破坏了市场的公平和秩序。监管部门在对此案进行调查审理后，依法对S技术公司及相关责任人进行了处罚，并否决了其IPO申请。

企业在进行IPO申请时，必须严格遵守相关法律法规，确保信息披露的真实、准确、完整。任何违法违规行为都可能导致IPO失败，并给企业带来严重的法律后果和声誉损失。因此，企业应加强内部管理，并规范经营行为，以确保合规运营，为成功上市奠定坚实的基础。

第5坑：上市时机不对

上市时机不对，导致企业IPO未通过，是一个值得深入探讨的问题。上市时机的选择对于企业的IPO成功与否具有至关重要的影响。

首先，上市时机与市场环境密切相关。市场环境包括宏观经济状况、行业发展趋势、投资者情绪等多个方面。如果企业选择在市场环境不佳的时机上市，如经济下行、行业低迷或投资者信心不足时，IPO成功的可能性将大大降低。此时，投资者对于新股的认购意愿可能较弱，从而导致企业难以获得足够的资金支持，进而影响上市进程。

其次，上市时机与企业的自身状况息息相关。企业在不同的发展阶段和财务状况下，对于上市的需求和承受能力是不同的。如果企业在自身状况不佳的情况下急于上市，如业绩下滑、负债过高或存在重大法律纠纷等，IPO申请很可能会因为监管机构的严格审核而未能通过。监管机构在审核IPO申请时，会重点关注企业的财务状况、治理结构、市场前景等方面，以确保企业的上市符合相关法律法规和市场规范。

再次，上市时机与政策环境有关。政策环境的变化可能会对企业的IPO产生重大影响。例如，当政府出台新的监管政策或调整IPO审核标准时，企业的上市计划可能需要相应地进行调整。如果企业未能及时关注政策变化并作出相应的调整，IPO申请可能会因为不符合新的政策要求而未能通过。

最后，上市时机与投资者的心理预期有关。投资者对于新股的期待和认知会影响投资决策。如果企业选择在投资者对于新股热情不高或存在疑虑的时机上市，IPO成功的难度将增加。

因为上市时机不对导致企业IPO未通过的国内真实企业案例并不多见，因为IPO的通过与否主要基于企业的财务状况、业务模式、治理结构以及是否符合相关法规和监管要求。然而，虽然直接因上市时机不对而导致IPO未通过的案例较少，但上市时机的选择不当确实有可能会增加IPO的风险和不确定性。

在实际操作中，有些企业可能由于市场环境的变化、行业周期的波动或政策调整等因素，在上市时机选择上出现了偏差。例如，当行业整体处于下行周期或市场处于低迷状态时，企业的IPO申请可能会面临更大的挑战和不确定性，从而增加了IPO失败的风险。

因此，企业在选择上市时机时，需要充分考虑市场环境、自身状况、政策环境以及投资者心理预期等多个因素，以确保能够选择到最为合适的时机进行上市。

第6坑：中介选择不当

IPO 是一个复杂且精细的过程，涉及众多法律、财务、市场等多个方面的考量。在这个过程中，中介机构发挥着关键的作用，他们负责帮助企业准备相关的申请材料，协调与监管机构的沟通，以及协助处理各种可能出现的问题。然而，如果选择的中介机构不够专业或经验不足，就可能会导致 IPO 未能通过。

首先，中介机构的经验和专业性对 IPO 的成功与否至关重要。IPO 过程涉及大量的法规遵循和文件编制工作，需要有深厚的专业知识和丰富的实践经验才能胜任。如果中介机构在这些方面有所欠缺，就可能会导致申请材料的质量不高，甚至存在重大的法律或财务漏洞。监管机构在审核 IPO 申请时，对这类问题往往非常敏感，一旦发现就可能拒绝申请。

其次，中介机构的沟通协调能力是影响 IPO 成功与否的关键因素。IPO 过程中，企业需要与监管机构、投资者、媒体等多方进行沟通和协调。中介机构要能够熟练地处理这些关系，以确保信息的准确传递和有效沟通。如果中介机构在这方面表现不佳，就可能导致信息传递的失误或延误，甚至可能引发不必要的误解和争议，从而影响 IPO 的进程和结果。

再次，中介机构的声誉和口碑会对 IPO 产生影响。在 IPO 过程中，投资者和监管机构都会关注中介机构的信誉和业绩。如果中介机构过去有不良记录或声誉不佳，将导致投资者对企业的信心不足，监管机构也可能对企业的 IPO 申请持更为审慎的态度。

最后，中介机构的费用是企业在选择时需要考虑的因素。虽然费用不是唯一的决定因素，但如果企业为了降低成本而选择费用过低的中介机构，可能会因为服务质量的问题而影响到 IPO 的进程和结果。

M 公司在 IPO 申请材料的准备和审核过程中，涉及资金体外循环、虚增收入等财务问题，这些问题与中介机构的工作疏漏和专业能力不足有直接关系。中介机构未能有效发现和纠正这些问题，导致 M 公司的 IPO 申请材料存在重大缺陷，最终被监管部门否决。

可见，企业在申请 IPO 时，必须谨慎选择具备专业资质、丰富经验和良好声誉的中介机构，以确保申请材料的真实性、准确性和完整性。同时，企业也应加强对中介机构的监督和管理，确保中介机构能够切实履行职责，为企业提供高质量的服务。

综上所述，企业在选择中介机构时，应该充分考虑中介机构的专业性、经验、协调能力、声誉和费用等多个方面，以确保选到合适的中介机构来协助完成 IPO 过程。

第7坑：资本盲目扩张

资本盲目扩张通常意味着企业在没有充分评估市场需求、竞争态势、自身实力及未来发展战略的情况下，过度追求规模的扩大和市场份额的提升。这种扩张往往基于短期利益和投机心态，而非基于长期稳定的经营计划和盈利预期。

这种扩张策略对企业 IPO 的影响主要体现在以下几个方面：

首先，财务状况不稳定。资本盲目扩张会导致企业资金链紧张，甚至出现亏损。在 IPO 审核过程中，监管机构会重点关注企业的财务状况和盈利能力。如果企业无法提供稳定且可持续的财务表现，IPO 申请很可能会被拒绝。

其次，治理结构不完善。盲目扩张，往往会忽视企业内部治理结构的完善，导致企业内部管理混乱、决策效率低下以及风险控制能力薄弱。这些问题在IPO审核中也会受到监管机构的关注，进而影响企业的上市进程。

再次，市场竞争力不足。资本盲目扩张使企业过度关注市场份额的争夺，而忽视了产品研发、技术创新以及品牌建设等核心竞争力的培养，导致企业在激烈的市场竞争中处于劣势地位，从而影响未来的盈利能力和成长潜力。在IPO审核中，监管机构也会关注企业的市场竞争力和未来发展空间。

最后，信息披露不充分。盲目扩张的企业可能存在信息披露不充分的问题。例如，企业可能未充分披露扩张策略的风险和不确定性，或者未充分揭示财务状况的波动性和不稳定性，导致监管机构对企业的真实情况产生疑虑，从而拒绝IPO申请。

L公司作为代表性的区域乳企之一，曾四度冲击资本市场，但均未能成功。其中一个重要的原因便是资本盲目扩张。L公司为了扩展更多的消费渠道，制定了较为激进的扩张策略。在计划募资的用途中，L公司打算将大部分资金用于产能扩张、营销网络升级以及研发中心的建设。然而，这种大规模的扩张计划并未得到市场的充分认可。

实际上，乳制品行业近年来处于产能过剩的状态，行业供大于求。在这种情况下，企业如果盲目扩张，加大对于牧场、产能的投入，可能会导致产能过剩问题进一步加剧，从而影响企业的盈利能力和市场竞争力。因此，L公司的IPO申请受到了监管部门的严格审查，并最终未能通过。

此外，L公司还存在产品结构相对单一的问题，代表性产品收入占比较高，这种产品结构的单一性也增加了其IPO的不确定性。

这个案例表明，企业在制订扩张计划时，必须充分考虑市场环境、竞争态势、行业趋势以及自身的实际情况，避免盲目追求规模的扩大而忽视了企业的长期稳定发展。同时，企业也应注重产品结构的优化和多元化，以提高自身的竞争力和抗风险能力。

第1伤：财务内控运营不规范

财务内控运营是企业内部管理的重要组成部分，涉及财务活动的方方面面，如财务报告的编制、财务审批流程的设立、资金使用的监督等。如果企业在这些方面存在不规范的行为，将直接影响 IPO 申请的审核结果。

首先，如果企业的财务报告存在编制不规范、信息披露不充分或者存在虚假记载等问题，监管部门将对企业财务数据的真实性和准确性产生怀疑，从而可能否决其 IPO 申请。因此，企业需要建立健全的财务报告制度，以确保财务数据的真实、准确和完整。

其次，如果企业的财务审批流程存在漏洞或者执行不力，将会导致资金使用不规范、违规操作等问题，进而损害企业的财务健康。监管部门在审核 IPO 申请时，会关注企业的内部控制是否健全有效，是否能够防止和及时发现财务违规行为。因此，企业需要建立严格的财务审批流程，并确保得到有效执行。

最后，企业需要建立完善的资金管理制度，对资金的使用进行监督和约束，防止资金被滥用或者挪用。如果企业在资金使用方面存在违规行为，如违规担保、关联方占用资金等，将严重影响 IPO 申请的审核结果。

G 公司在上市前的社保缴纳方面存在瑕疵。2005—2007 年，公司未能足额缴纳员工的社会保险费，违反了相关的社会保险法规。尽管从 2008

年开始，公司强制性地为员工参加当地的社会保险，包括基本养老保险、基本医疗保险等，但由于历史遗留问题，之前的社保缴纳不足仍然成为其IPO审核中的一大障碍。

可见，企业在申请IPO前，必须确保财务内控运营的规范性和有效性，避免因为财务问题而导致的IPO失败。这就要求企业必须高度重视财务内控建设，加强财务报告的编制和披露、优化财务审批流程、强化资金使用的监督等方面的工作，以确保IPO申请的顺利通过。同时，企业也应加强内部培训和教育，提高员工对财务内控的认识和重视程度，形成全员参与、共同维护财务内控的良好氛围。

第2伤：销售业务真实性存疑

在IPO审核过程中，监管部门会对企业的销售业务进行严格的核查，以确保其真实、合规。如果企业的销售业务存在虚假、夸大或隐瞒等不真实情况，将直接影响其IPO申请的审核结果。

首先，销售业务真实性存疑将导致企业财务报告失真。企业为了达到上市条件或提高估值，可能会通过虚构销售业务、夸大销售收入等方式来美化财务报告。这种行为不仅违反了财务规范，还会导致监管部门对企业整个财务状况的真实性产生怀疑，进而否决IPO申请。

其次，销售业务真实性存疑涉及违法违规行为。例如，企业通过虚构客户、伪造销售合同或发票等手段制造虚假的销售业务。这些行为不仅严重损害了投资者的利益，还会构成欺诈等违法犯罪行为，一旦被监管部门查实，企业将面临严重的法律后果，IPO申请自然也会遭到否决。

最后，销售业务真实性存疑会影响企业的声誉和信誉。如果企业的销售业务存在不真实情况，将损害其在市场和投资者心目中的形象和信任度，进而对IPO申请的通过产生不利影响。

M公司曾计划在上交所上市，其主营业务为预制钢结构建筑系统产品的研发、设计和生产制造，并为客户提供钢结构工程的专项承包和项目管理等延伸服务。然而，在IPO申请审核过程中，监管部门发现M公司的销售数据存在诸多疑点：

（1）M公司部分销售合同的签订和履行过程缺乏足够的透明度和合规性，使得监管部门对其真实性产生了怀疑。

（2）虽然M公司的销售收入增长与同行业相比异常迅速，但其缺乏足够的市场竞争力和技术创新能力来支撑这种高增长，这也引起了监管部门的警觉。

（3）监管部门还对M公司的客户群体和销售渠道进行了深入调查，发现部分客户存在身份不明或销售数据难以核实的问题。

由于这些销售业务真实性存疑的问题，监管部门认为M公司的财务报告可能无法真实反映其实际经营情况，因此拒绝了其IPO申请。

这个案例也给其他准备上市的企业敲响了警钟。企业在申请IPO时，必须确保销售业务的真实性和合规性，建立健全的内部控制体系，规范销售流程，加强客户管理和合同管理，完善销售业务的审批和核查流程等，以避免因为销售业务真实性存疑而导致IPO失败。

第3伤：虚增库存，虚减成本

虚增库存和虚减成本是企业财务造假中常见的手段，但这样的行为一旦被监管部门发现，将会导致企业 IPO 申请不能通过。以下是关于这两种行为导致企业 IPO 失败的详细阐述：

首先，虚增库存是一种通过人为调整库存数量，以达到美化财务报表、掩盖真实经营情况目的的行为。有些企业为了符合 IPO 的财务指标要求，或者为了提升投资者对企业的信心，会选择虚增库存。然而，这种行为不仅违反了财务真实性的基本原则，也破坏了市场的公平竞争环境。在 IPO 审核过程中，监管部门会对企业的库存情况进行严格的核查，一旦被发现虚增库存的情况，将会对企业的 IPO 申请产生严重的负面影响。

其次，虚减成本则是企业通过不当手段降低财务报表中的成本，以提高利润水平。这种行为同样违背了财务真实性的原则，并且可能导致企业的财务数据失真，无法真实反映其经营状况。在 IPO 审核中，监管部门会关注企业的成本控制是否合理，是否存在通过虚减成本来操纵利润的情况。如果企业存在虚减成本的行为，监管部门就会对其 IPO 申请提出质疑，甚至可能导致申请失败。

虚增库存和虚减成本的行为一旦被发现，不仅会导致企业 IPO 失败，还可能面临严重的法律后果。监管部门会对企业进行处罚，包括罚款、撤销上市资格等。

D 公司在申请 IPO 的过程中，被曝出存在财务造假行为，主要包括虚增库存和虚减成本。具体来说，D 公司通过虚构存货采购和销售业务，以及利用关联方进行资金循环的方式，虚增了营业收入和利润。同时，为了掩盖这些虚假的销售业务，公司还虚增了存货数量，使库存看起来更为充裕。

此外，D公司还通过一系列手段虚减成本，以提高利润水平。例如，公司未将某些必要的成本计入财务报表，或者通过不合理的成本分摊方式，使单位产品的成本看起来很低。

这些财务造假行为被监管部门发现后，对D公司的IPO申请产生了严重影响。监管部门认为，D公司的财务报告存在严重失真，无法真实反映公司的实际经营情况，因此拒绝了其IPO申请。

因此，企业在申请IPO时，必须严格遵守财务真实性的原则，确保财务报表的真实、准确和完整。企业应该加强内部控制，完善财务管理制度，防止虚增库存和虚减成本等财务造假行为的发生。同时，企业也应该注重诚信经营，树立起良好的企业形象，为成功上市打下坚实的基础。

第4伤：实际控制人发生变更

实际控制人的变更往往涉及企业治理结构的重大调整，直接关系着企业的稳定性、合规性和未来发展。

首先，实际控制人的变更会引发监管部门对企业稳定性和合规性的担忧。在IPO审核过程中，监管部门会重点关注企业的内部控制和治理结构是否健全、有效。实际控制人的变更可能会导致企业内部出现权力真空、管理混乱等问题，进而影响企业的正常运营和财务状况。面对这种情况，监管部门会认为，企业有较大的不确定性和风险，不符合上市条件。

其次，实际控制人的变更涉及复杂的利益关系和法律纠纷。在变更过程中，可能存在的股权结构调整、股权转让等事项，往往涉及复杂的法律问题和利益关系。如果变更过程中存在不合规行为或潜在的法律风险，监管部门就会对企业进行更严格的审查，甚至否决 IPO 申请。

最后，实际控制人的变更可能影响企业的战略规划和业务发展。新的实际控制人是否会对企业的战略方向、经营策略等进行调整，从而导致企业的业务模式、市场前景等发生重大变化是一个未知问题。这种变化使得企业的未来发展充满不确定性，不符合投资者的期望和监管要求。

K 公司在筹备北交所上市的过程中，其实际控制人发生了变更。公司董事彭某与方某构成共同实际控制人，而彭某和方某为夫妻关系。这一变动导致新增了实际控制人，进而触发了 IPO 审核中对于实际控制人稳定性的要求。

在 IPO 审核中，监管部门通常会要求企业在一定期限内（如最近 24 个月内）实际控制人保持稳定，以确保企业的治理结构和经营策略不会因控制权的变更而受到影响。K 公司实际控制人的变更使监管部门对其公司治理、经营策略和未来发展方向产生了疑虑。

同时，彭某在任职期间未及时履行收购相关信息披露义务，违反了《非上市公众公司收购管理办法》相关的信息披露和治理规则。这一行为不仅影响了公司的合规性，也进一步加大了其 IPO 的难度。由于上述原因，K 公司的 IPO 申请最终未能通过。

该案例清晰地展示了实际控制人变更对企业 IPO 的负面影响，强调了企业在筹备上市过程中保持实际控制人稳定的重要性。

企业应充分认识到这一风险，并采取有效措施加强内部控制、处理变更过程中的法律问题和保持战略稳定，以提高 IPO 成功率。同时，监管部门也应加大对实际控制人变更的审查力度，确保上市企业的合规性和稳定性。